COURS COMPLET

D'ORTHOGRAPHE

PREMIER DEGRÉ

Charles Delagrave et Cie

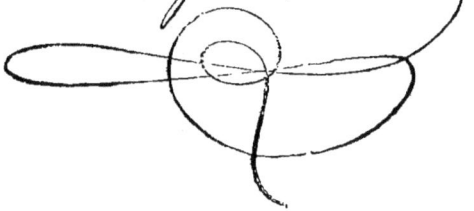

Imp. L. Toinon et Cie, à Saint-Germain.

OUVRAGES DE Mmes CHARRIER ET BOBLET

COURS COMPLET D'ORTHOGRAPHE :

*Recueils de dictées graduées, et classées méthodiquement, pour gra-
ver dans la mémoire les principes de l'orthographe et de la grammaire française.*

**L'Orthographe d'usage enseignée par la pratique
aux enfants de cinq à sept ans**; exercices et dictées
très-élémentaires, où l'orthographe de chaque son est méthodiquement enseignée.

Cet ouvrage, imprimé en gros caractères, à la fois livre de
lecture, et cours élémentaire d'*orthographe d'usage* et d'orthographe de principes, a été signalé aux *Instituteurs primaires*
lors de l'Exposition universelle de 1867 par le **RAPPORT TRÈS-
FAVORABLE** qui en a été fait à M. le Ministre de l'*Instruction
publique.* Nouvelle éd., in-12 cart.............. 1 fr. 50 c.

Orthographe d'usage élémentaire pour les enfants de cinq
à sept ans, nouvelle édition. In-12, cartonné.......... » 40

**L'Orthographe enseignée par la pratique aux en-
fants de sept à neuf ans**, recueil de 300 dictées métho-
diques et graduées. Nouvelle édition. In-12, cartonné.... 1 50

L'ORTHOGRAPHE ENSEIGNÉE PAR LA PRATIQUE EST **AUTORISÉE PAR
L'UNIVERSITÉ**. — Autorisée par décision de M. le Grand-
Chancelier et employée dans les maisons d'éducation de
la Légion d'honneur; honorée d'une **Mention honorable**
de la Société pour l'Instruction élémentaire ; — enfin, qualifiée
par la Société grammaticale de *livre excellent, qui doit contri-
buer puissamment à faciliter l'étude de la langue française.*

Éléments de grammaire pratique pour les enfants de
sept à neuf ans. In-12, cartonné..................... » 75

**L'Orthographe du participe enseignée par la pra-
tique aux enfants de neuf à douze ans**, recueil de 140
dictées *graduées*, dans lesquelles la cacographie, reconnue si
dangereuse, est remplacée par des moyens qui en offrent tous les
avantages sans en avoir les inconvénients. In-12, cartonné. 1 50

Corrigé raisonné du même ouvrage, avec *remarques,
notes,* etc. (*Partie du maître*). In-12, cartonné.......... 1 50

Traité complet de l'accord du participe passé (deux
règles ayant chacune une seule exception), avec de nombreux
exemples raisonnés, etc. In-8°, 4e édition............. » 60

La ponctuation enseignée par la pratique, recueil de
150 dictées puisées dans la littérature française ; classées méthodiquement, et régulièrement ponctuées. In-12, cartonné. 1 50

Principes logiques de ponctuation, avec de nombreux
exemples raisonnés. In-12, cartonné................. » 60

Analyse grammaticale simplifiée et raisonnée, avec modèles d'analyses et exercices. In-12, cartonné........ 2 »

Cet ouvrage a, par décision de l'Académie française, mérité d'être déposé dans la bibliothèque de l'Institut.

L'analyse logique enseignée par la pratique : théorie, modèles d'analyses, et exercices gradués.

Traité complet de la conjugaison des verbes français, réguliers et irréguliers.

Traité complet de l'emploi de la majuscule, de l'accent, du tiret ou trait-d'union, etc., etc. In-8o, 3e édition.. » 90

Formation du pluriel dans les substantifs, renfermant tous les pluriels irréguliers. In-8o, 3e édition.... » 30

Formation du féminin dans les adjectifs, exposant la manière de former le féminin des adjectifs en *eur*, et renfermant tous les adjectifs irréguliers. In-8o, 3e édition.... » 40

Formation du pluriel dans les adjectifs, renfermant la manière de former le pluriel de tous les adjectifs en *al*. In-8o, 3e édition.. » 30

Aperçu chronologique de l'histoire de France. Opuscule-memento indispensable aux personnes qui doivent passer des examens, puisqu'il présente en 15 tableaux, d'un siècle chacun, la date d'avénement et de mort des rois de France, leur filiation, et un aperçu de leurs règnes. In-8o, NOUVELLE ÉDITION.. » 50

Aperçu chronologique de l'histoire d'Angleterre, comparée à la chronologie des rois de France, présentant, outre la date d'avénement et de mort des rois d'Angleterre, le nom de leurs femmes, un abrégé succinct de leurs règnes, et le nom du roi de France contemporain, etc. In-8o.. » 75

Aperçu chronologique de l'histoire d'Allemagne comparée à la chronologie des rois de France.

Tableau de **l'histoire politique des Juifs**, siècle par siècle, d'après l'Art de vérifier les dates. Une feuille colombier, coloriée.. 1 50

SOUS PRESSE :

Suite du Cours complet d'orthographe et de Langue française. — Exercices sur toutes les difficultés.

COURS COMPLET D'ORTHOGRAPHE
PREMIER DEGRÉ

L'ORTHOGRAPHE
ENSEIGNÉE PAR LA PRATIQUE

AUX ENFANTS DE 5 A 7 ANS

EXERCICES PRÉPARATOIRES

Pour copie, épellation, dictée, etc., présentant un

TRAITÉ ÉLÉMENTAIRE D'ORTHOGRAPHE D'USAGE

et quelques notions d'orthographe de principes.

Ouvrage signalé aux Instituteurs primaires par le rapport honorable
qui en a été fait à M. le Ministre de l'Instruction publique, lors de
l'Exposition universelle de 1867.

PAR Mme CHARRIER-BOBLET

Auteur de : *L'Orthographe enseignée par la pratique aux enfants
de 7 à 9 ans,*

OUVRAGE AUTORISÉ PAR L'UNIVERSITÉ ;

l'Orthographe du Participe enseignée par la pratique ; — la Ponctuation
enseignée par la pratique, etc., etc.
Aperçu chronologique de l'histoire de France, etc., etc.

NOUVELLE ÉDITION

La science ne doit entrer que goutte à
goutte dans le cerveau de l'enfance.
ROLLIN.

PARIS
C. DELAGRAVE ET Ce, LIBRAIRES-ÉDITEURS
58, RUE DES ÉCOLES, 58

1870

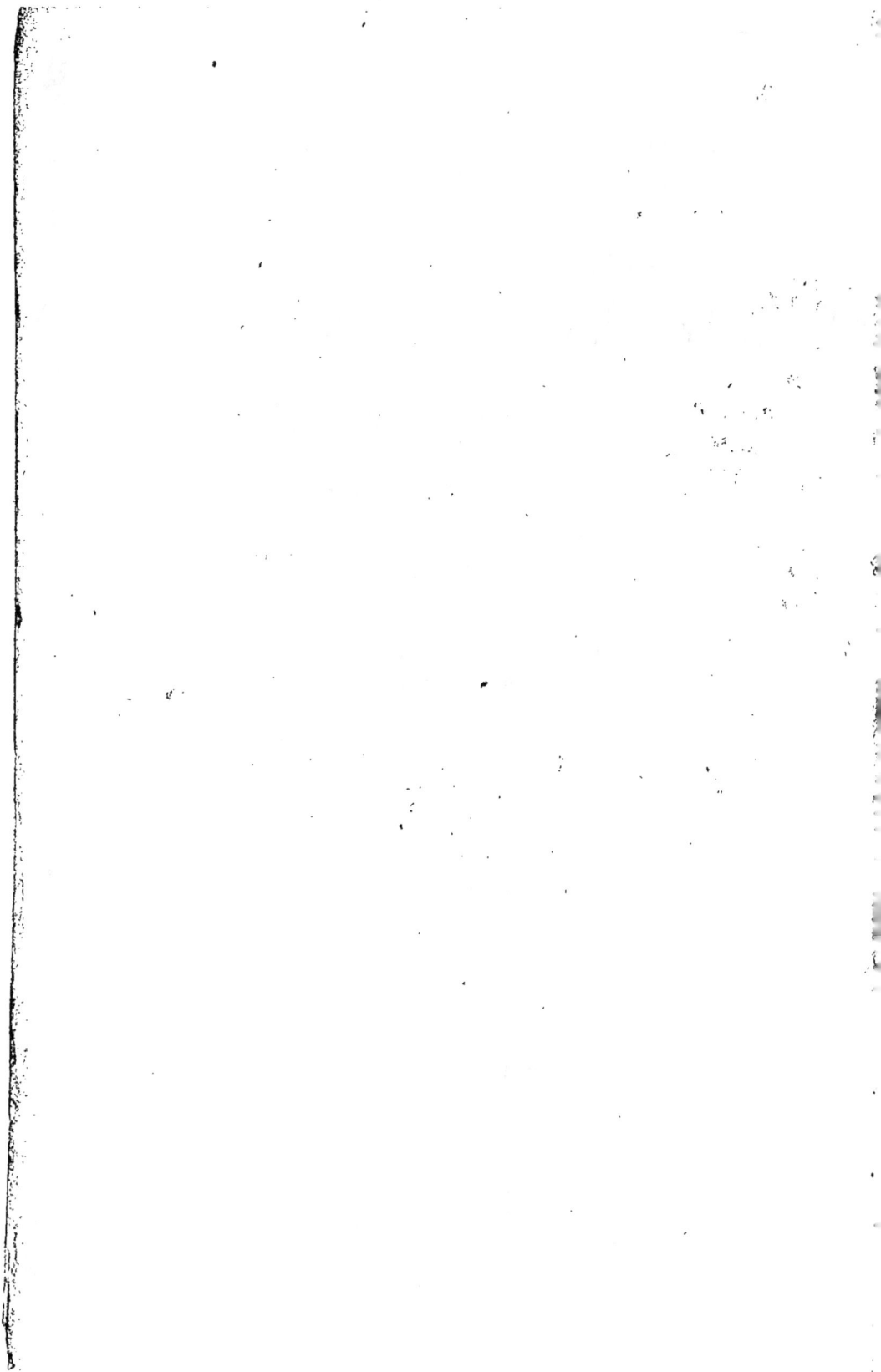

EXPOSITION UNIVERSELLE DE 1867

Extrait du rapport sur l'enseignement grammatical adressé à S. E. M. le Ministre de l'Instruction publique.

« 12° L'orthographe enseignée par la pratique aux enfants de cinq à sept ans, par Mme Charrier-Boblet. »

« L'ouvrage de Mme Charrier-Boblet est tout un système d'enseignement orthographique.

L'auteur suit pas à pas les exercices que l'on trouve à peu près dans toutes les méthodes de lecture, sur les sons, les articulations, les finales. On pourrait dire que c'est une méthode de lecture très-développée, appliquée immédiatement à l'étude de l'orthographe. Les procédés d'application sont : la lecture, la copie, la dictée de divers exercices préparés sur un exemple donné, et servant d'en-tête à la leçon. A la fin de ces exercices, l'enfant, en même temps qu'il connaît l'orthographe absolue d'un grand nombre de mots, doit se trouver familiarisé avec les grandes règles de notre orthographe, la conjugaison, les parties du discours. Chemin faisant, il a appris une foule de choses bonnes et utiles.

Son cœur et son intelligence ont dû se développer. De la théorie, tout juste ce qu'il en faut; de la pratique, beaucoup et toujours. Le livre paraît bien conçu, bien fait, *très-propre à servir de guide aux maîtres de nos petites classes.*

Est-ce à dire qu'il soit parfait?... L'auteur... a voulu ne présenter que des phrases formant un sens complet à l'aide de mots allant droit au but qu'il se propose. De là des efforts d'invention et de combinaison qui ne sont pas toujours heureux ....Cependant cet écueil, si commun dans les exercices préparés exclusivement en vue de telle ou telle règle de grammaire, se rencontre moins souvent chez Mme Charrier-Boblet. »

Les rapporteurs,

Signé : A. GANDON,

Chef de bureau au ministère de l'Instruction publique.

E. BROUARD,

Inspecteur primaire de la Seine.

Extrait (pages 109 et 110) d'un in-8° distribué aux maîtres primaires venus à l'Exposition, volume intitulé : **Ministère de l'Instruction publique. — Exposition universelle de 1867. —** *Rapports adressés à S. E. M. le Ministre de l'Instruction publique par les membres de la commission chargés d'examiner, etc., etc.*

PLAN ET BUT DE L'OUVRAGE

L'enfant qui apprend à lire, s'il épèle surtout, étudie en réalité l'orthographe ; pourquoi donc ne pas faire marcher ensemble deux choses qui s'enchaînent si naturellement ? pourquoi ne pas faire partir de la lecture elle-même, c'est-à-dire de l'épellation, le premier enseignement de l'orthographe ? pourquoi laisser par une lacune, inintelligente selon nous, le jeune enfant perdre de vue les matériaux précieux qu'il a déjà bien péniblement amassés dans sa mémoire, et qu'il devra rassembler de nouveau plus tard avec peine, avec dégoût peut-être ? Pourquoi ? C'est parce qu'un ouvrage composé sous l'inspiration de cette pensée a manqué bien longtemps ; cet ouvrage, nous l'avons offert, il y a quelques années déjà, aux instituteurs et aux mères de famille : l'accueil qu'on lui a fait lorsqu'il a paru, le succès dont il a été honoré, la flatteuse distinction qui lui a été accordée lors de l'Exposition universelle de 1867, enfin les résultats *étonnants* et *durables* qu'on a obtenus par l'emploi de ce livre, tout nous a prouvé que nous avons composé un ouvrage véritablement utile.

Nos *exercices préparatoires* sont en effet un véritable **TRAITÉ D'ORTHOGRAPHE D'USAGE**, dans lequel nous présentons d'abord uniquement des mots formés des syllabes les plus simples, puis des mots formés de syllabes plus compliquées, mais toujours sans doubles lettres et sans lettres muettes ; — réservant pour la seconde moitié de l'ouvrage les exemples destinés à l'enseignement régulier de ces difficultés orthographiques.

Nos exercices, formés pour la plupart de phrases courtes, très-souvent instructives, et que nous nous sommes efforcée de mettre toujours à la portée des tout petits enfants, sont des matières de **COPIES** et de **DICTÉES** qui leur fournissent de nombreux exercices d'ÉPELLATION ; et enfin des **THÈMES** dont le but est d'habituer les plus jeunes élèves même à employer les signes de la pluralité.

Cet ouvrage se compose de deux parties bien distinctes et de quatre sections.

Dans la 1re partie, nous offrons méthodiquement des exercices sur la manière la plus simple et la plus naturelle d'écrire chacun des sons ou voyelles (1re *section*), — chacune des articulations ou consonnes (2e *section*) : — on n'y trouve point, ou l'on n'y trouve que vers la fin, des lettres muettes ou nulles ; enfin nous y avons joint aux notions les plus élémentaires d'orthographe d'usage des exercices pratiques sur le *pluriel dans le substantif et dans l'adjectif*.

Dans la 2e partie, la plus importante pour l'étude

si essentielle de l'orthographe d'usage, nous présentons méthodiquement des exemples et des principes élémentaires pour l'emploi de certaines lettres
muettes — et le doublement des consonnes =
L'élève y apprendra donc (3e *section*), dans quels cas
il devra régulièrement écrire le son *a*, par exemple
par HA, par AS, par AT, etc. : le son *o*, par ô, par
AU, par EAU, par OT, etc., etc. — comme il verra
(4o *section*) dans quelles sortes de mots il doit écrire
le *c* (dur) par CC (*accroître*), ou par C Q U (*acquérir*) ;
le *f* par le F F (*affaire*), ou par PH (*philosophie*), etc.,
etc. = Ajoutons que dans cette seconde partie,
nous joignons aux notions d'orthographe d'usage
des exercices pratiques élémentaies sur *l'orthographe
du verbe*.

Nous n'avons rien négligé pour rendre cette nouvelle édition plus digne que toutes les précédentes
de la faveur du corps enseignant ; en effet, les soins
apportés à la partie typographique de l'ouvrage, le
choix et la disposition des caractères, rendent très-
saillante l'application des règles d'orthographe ; —
quelques devoirs ont été jugés un peu longs, nous
les avons ramenés aux proportions que réclame la
faiblesse de l'enfant à son début dans l'étude ; —
quelques erreurs nous ont été signalées, nous les
avons fait disparaître, et nous remercions ici les
hommes *compétents* qui ont bien voulu nous aider de
leurs lumières. — Enfin, on a relevé la monotonie et
la singularité de quelques phrases : nous reconnais-
sons la justesse des critiques qui nous ont été adres-

sées à cet égard, et nous avons fait nos efforts pour
y remédier, mais nous n'avons pas toujours pu le
faire autant que nous l'aurions désiré, tant est ar-
due la marche méthodique que nous nous sommes
imposée : — **Ne présenter à l'enfant aucun
mot dont il n'ait précédemment étudié
l'orthographe !**

Nous nous estimerons heureuse si, grâce aux
améliorations que de judicieux conseils nous ont fait
introduire dans cette édition nouvelle, les instituteurs et les institutrices, en mettant ce livre dans
les mains de **tous** leurs petits élèves, nous donnent
la conviction que nous avons rendu quelque service
aux personnes qui s'occupent d'instruction ; — et
nous réclamons toujours leurs observations dont
nous profiterons, en vue du bien de tous, pour les
éditions subséquentes, ainsi que nous avons tâché
d'en profiter pour celle-ci.

COURS COMPLET

D'ORTHOGRAPHE

PREMIER DEGRÉ

LEÇONS PRÉPARATOIRES.

Nota. On devra faire étudier une de ces leçons, seulement, dans un jour.

PREMIÈRE LEÇON PRÉPARATOIRE.

Petits enfants, écoutez bien : Pour exprimer, pour faire comprendre ce qu'on pense, on emploie des **mots.**

Exercice. — Ouvrir le livre aux pages 7, 8, etc., et faire distinguer à l'enfant le petit intervalle qui sépare les mots ; — puis lui faire prononcer séparément chacun des mots d'une phrase ; — enfin lui faire dire le nombre de mots qui composent les phrases sur lesquelles on porte son attention.

DEUXIÈME LEÇON PRÉPARATOIRE.

Remarquez, enfants, que : Pour exprimer ou pour écrire tous les mots on emploie des **lettres.**

Exercice. — Faire remarquer, et faire nommer à l'enfant, les lettres de quelques mots, dans le 1er exercice de la page 7.

TROISIÈME LEÇON PRÉPARATOIRE.

Remarquez encore que : Il y a des lettres **minuscules** et des lettres **majuscules.**

1

Les lettres qu'on emploie le plus ordinairement se nomment lettres **minuscules**.

ALPHABETS DE LETTRES MINUSCULES.

a b c d e f g h i j k l m n o p q r s t u v w x y z

a b c d e f g h i j k l m n o p q r s t u v w x y z

Il y a des lettres plus grandes, plus ornées (*qui doivent commencer certains mots*); on les nomme lettres **majuscules**.

ALPHABETS DE LETTRES MAJUSCULES.

A B C D E F G H I J K L M N O P Q R S T U V W X Y Z

A B C D E F G H I J K L M N O P Q R S T U V W X Y Z

Exercice. — Faire distinguer et nommer par l'enfant, dans les copies et les dictées des pages 7, 8, etc., les lettres minuscules et les majuscules.

QUATRIÈME LEÇON PRÉPARATOIRE.

Mes petits amis, si vous prononcez lentement et avec attention toutes les lettres de l'alphabet, votre oreille vous fera comprendre que : Il y a quelques lettres qui ont un son par elles-mêmes.

Les lettres qui ont un son par elles-mêmes se nomment **voyelles,** — chaque voyelle peint à elle seule un son.

a, e, i *ou* **y, o, u,** sont des voyelles.

Exercice. — Faire distinguer et nommer par l'enfant les voyelles dans les copies et les dictées des pages 7, 8, etc.

CINQUIÈME LEÇON PRÉPARATOIRE.

Remarquez de plus, mes enfants, que : La plupart des mots se prononcent en plusieurs fois, (ou en plusieurs émissions de voix ;) en effet : on prononce en deux émissions de voix, *a-mi, en-fants;* — en trois, *in-di-go;* — en quatre, *ac-ti-vi-té;* — en cinq, *in-com-pa-ra-ble;* — en six, *dés-a-gré-a-ble-ment;* — en sept, *in-com-pa-ti-bi-li-té;* — en huit, *in-cons-ti-tu-tion-nel-le-ment.*

L'ensemble des lettres qui se prononcent en une seule émission de voix (ou en une seule fois), forme une **syllabe.**

Il y a des mots qui n'ont qu'une syllabe : Exemples : *ó, la, blé, cris, beaux,* etc.

Il y a des mots de deux syllabes : *é-pi, ro-be,* etc. — Il y a des mots de trois syllabes : *ros-si-gnol, en-cri-er,* etc.; — des mots de quatre syllabes : *co-que-li-cot, sau-te-rel-le,* etc.; — des mots de cinq, de six, de sept, et même de huit syllabes.

Exercice. — Faire indiquer le nombre de syllabes composant quelques-uns des mots dans les copies ou les dictées pages 7, 8, etc.

SIXIÈME LEÇON PRÉPARATOIRE.

Rappelez-vous enfin que : Nommer séparément, puis prononcer ensemble toutes les lettres qui composent une syllabe, c'est **épeler** un mot.

Exercice. — Faire épeler les mots de la 3ᵉ leçon, page 8.

———

VOYELLES.

PARTIE TRÈS-ÉLÉMENTAIRE.

AVIS TRÈS-ESSENTIEL.

Avant de faire commencer l'étude d'une leçon, et pendant le temps qu'on y consacre, on devra toujours :

Faire apprendre par cœur la *phrase-type* qui, placée en tête de chaque leçon, présente **en gros caractère** des exemples du principe que l'élève va étudier, en lui faisant bien remarquer ce qui est en caractère plus gros ; — puis lui faire apprendre et *répéter souvent* la règle correspondant à cette phrase-type ; on trouve toutes les règles réunies dans l'opuscule de madame Charrier intitulé : **ORTHO-GRAPHE D'USAGE ÉLÉMENTAIRE.**

Faire copier bien exactement (sans négliger la ponctuation) les phrases renfermées dans l'exercice pour *copie* ; et présider pendant quelque temps à ce travail de l'élève, afin de l'habituer à le faire ainsi qu'il va être expliqué :

L'élève devra toujours avant d'écrire un mot l'épeler, et retenir dans sa mémoire toutes les lettres qui le composent ; ensuite il écrira en l'épelant tout bas, syllabe par syllabe, le mot entier sans jeter les yeux sur son livre : lorsque le travail que nous venons d'indiquer lui sera familier, il faudra l'habituer à retenir également deux mots, puis trois et plus. Si le petit élève avait une *difficulté excessive* pour l'orthographe on pourrait, pendant quelques jours, lui permettre de ne retenir qu'une syllabe, mais on doit *éviter avec le plus grand soin* de le laisser regarder dans son livre à chaque lettre qu'il copie.

Faire faire à l'élève, et lui faire faire *seul,* dès qu'il le pourra, les exercices appelés *thèmes,* en l'habituant à épeler, tout en les écrivant, les mots que renferment ces exercices, — et à mettre exactement à la fin des mots la marque du pluriel.

Enfin il faut faire au petit élève la *dictée,* en *exigeant absolument* de lui qu'il épèle une syllabe en l'écrivant ; — et dans la correction de la dictée il faudra non pas lui expliquer la règle contre laquelle il a péché, mais lui rappeler la *phrase-modèle* placée en tête de la leçon ; ainsi, au lieu de lui expliquer, par exemple, pourquoi il aurait dû employer dans un certain endroit une apostrophe, — ou bien écrire *an* par *am* (et non par *an*), — on devra lui dire pour l'*apostrophe :* Rappelez-vous , **c'est d'Anna qu'**Amable *parla* (p.40) ; — pour le *an :* Rappelez-vous, **A**mbroise a été **am**puté *dimanche* (page 35).

Nota. — *Tous les devoirs intitulés* dictée *pourront également servir de matière de copies.*

COURS COMPLET

D'ORTHOGRAPHE

PREMIER DEGRÉ

DE L'EMPLOI DE LA MAJUSCULE.

1re LEÇON.

== *Papa est là.* — *Regarde...*

Mes enfants, lorsque vous écrirez : **1° Commencez toujours par une majuscule le premier mot de votre copie, de votre dictée, etc.,** ainsi qu'on l'a fait ici au mot *Papa.*

De même : **2° Commencez toujours par une majuscule le premier mot que vous écrirez après un point,** comme vous l'avez vu ici dans le mot *Regarde.*

1er EXERCICE pour COPIE.

Dès qu'un élève aura *copié* une phrase, il devra l'épeler de mémoire ; — *nous ne reviendrons point sur cet avis.*

Mon camarade admira le panache de mon papa. — Papa se rasa là. — Camarade, qui avala la panade, la salade, la marmelade et le baba ? — Mon ami ne fera pas de tapage.

1re **Dictée.** — Un orage fera du ravage. — Mon papa acheta un lama. — Papa me ramena mon camarade. — La carabine de papa ne partira pas. — Un arabe avala ma panade, une patate et ta salade.

2ᵉ LEÇON. — **SUITE DE L'EMPLOI DE LA MAJUSCULE**.

= *Regarde,* **A**nna, *voilà papa revenu de* **J**ava.

3° Commencez toujours par une majuscule le nom propre (1) d'une personne, d'un pays, d'une ville, d'un fleuve, etc., etc.

2ᵉ **Copie.** — Papa, **A**nna cassa ta carafe. — Le papa de **R**osa et de **S**ara admira mon catalpa. — Mon ami **A**mable ira à **B**atavia et à **J**ava. — Madame **L**ami maria **M**aria à un arabe de **M**oka.

2ᵉ **Dictée.** — Le lama de **S**ara est malade. — Qui lava et repassa le falbala de **R**osa? — Le papa de ma camarade **A**nna est à **M**alaga. — La bavarde **N**ina ira à **B**atavia et à **S**umatra avec **A**nica et **M**aria.

3ᵉ LEÇON. — **A.**

= *Papa,* **S**ara *a du baba.*

3ᵉ **Copie.** — 1° Papa acheta une cage pour **S**ara. — Qui cassa la baraque de mon camarade **A**mable? — Voilà un arabe qui a une large balafre sur la face. = 2° (2) Madame **M**are lava dans cette mare-là la casaque de **L**azare. — Mon papa me parla du **C**anada et de **M**alaga. — Madame **L**amare mena **A**nna à la parade.

(1) *Comprenez bien, enfants, que :* On entend par *nom propre* le nom *particulier* d'une personne, d'une ville, d'un pays, etc.

(2) *Les exercices ainsi divisés pourront être faits en deux fois; quelques élèves un peu avancés déjà pourront n'en faire que la moitié, mais dans ce cas c'est le 2° qu'on devra préférer.*

Ainsi que vous le voyez dans Sara, baba, *etc.*, On emploie le plus souvent a pour peindre le son *a*.

Nota. — Ces petites règles et les phrases-types qui les rappellent devront être apprises par cœur, on les trouvera complètes dans l'opuscule de Mme Charrier, intitulé : ORTHOGRAPHE D'USAGE ÉLÉMENTAIRE.

3e Dictée. — 1{o} Un arabe mena ma caravane à Saba (*ville*). — Mon papa acheta pour Maria un lama à Lima. — Amable fera du tapage. = 2{o} La lame lave le sable. — Le ratafia de Lazare est à la cave. — La cavalcade passa par la place. — La cataracte du Niagara est près du Canada.

4e LEÇON. — DE L'APOSTROPHE.

= § I{er} : *Regarde* le *lama* et l'*âne* d'*Anna*.

Ce petit signe **'** placé au haut d'une lettre s'appelle *apostrophe*.

4e Copie.

Écrivez : *Le* catalpa, et l'acacia (*et non le ac...*)
        le tapage, et l'érable (*et non le ér...*)
        la malade, et l'image (*et non la im...*)
        la barque, et l'yeuse (*et non la ye...*)
        le brave, et l'osage (*et non le os...*)
        la glace, et l'usage (*et non le us...*)

Mes enfants, vous le savez : Les lettres **a, e, i** ou **y, o, u,** se nomment les **voyelles.**

Faire de nouveau distinguer et nommer les voyelles dans plusieurs mots.

Attention! **Devant une voyelle vous mettrez toujours l' (1) (au lieu de** *le,* **ou** *la***).**

---

(1) L'apostrophe se place à côté de la lettre et vers le haut.

5e Copie. — 1° Un *avare* parla à l'avare Lazare.
— Mon *ami* sera l'ami de mon camarade Carle.
— Regarde mon *acacia*, et l'acacia qui est sur la
place. — Ma vache marche vers son *étable*, l'étable
qui est là. = **2°** Anna, voilà une *image*, c'est
l'image de Sara. — Ah! un *osage* se regarde
dans ma glace, qui mena l'osage devant la glace?
— Voilà un grave *uléma*, l'uléma de Marmara est
grave aussi.

Remarquez, enfants, que : Quand on emploie l'apostrophe, l' est
un mot; — et ce qui suit l' est un autre mot.

4e Dictée. — 1° Je regarde le catalpa et l'a-
cacia, votre joli *acacia*. — Un brave *aga*, l'aga
Ali-Maza, parla à l'arabe qui est là. — Un *érable*
est un *arbre*; l'arbre que voilà est l'érable. =
2° Anna déchira son *image* et l'image de Sara.
— Un orage éclate! **L'**orage fera du ravage. —
Lazare rase la plage, c'est son *usage*; c'est aussi
l'usage de Carle.

---

§ II, *ou :* **C'**est d'A*nna* **qu'A***mable parla.*

Écoutez bien : **Devant une lettre voyelle
vous mettrez toujours d', j', m', t', s', c', qu',
n', (au lieu de :** *de, je, me, te, se, ce, que, ne).*

6e Copie. — 1° C'est Clara qui s'admira dans
la glace. — Amable, est-ce ton papa qui **t'**amena
d'Amérique le lama que voilà? — Qui dira **qu'A-**
mable **n'**est pas sage? = **2°** Ceci, c'est un vase
d'albâtre, non d'agate, **qu'A**nastase **m'**acheta à

Batavia. — Lorsque je parle du ravage que fera l'orage, je **m'**alarme et **j'**alarme Lazare.

7e Copie. — **1°** Anastase **n'**ira pas à Panama, **c'**est l'avare Barbe qui ira. — Sara, **j'**agace le lama **qu'A**mable **t'**amena. — **J'**admire le platane, l'érable et l'acacia **qu'A**nica plaça là. = **2°** Est-ce que le bavardage, le tapage, le vacarme **d'A**mable **t'**amusa? Est-ce **qu'A**nastase **s'**amusa ici? Qui **m'**amena un camarade aussi diable?

Rappelez-vous bien ceci : L'apostrophe est toujours entre deux mots.

5e Dictée. — **1°** Lazare admira l'acacia **d'A**mable, il **m'**amusa. — Qui **t'**amena la vaste barque de l'artiste? — Sara **n'**ira pas à Mascate avec l'arabe de Sana. = **2°** Anna ne **s'**amuse **qu'a**vec Clara. — **J'**admire avec Carle la cataracte du Niagara. — On dira **qu'A**nastase bavarde. — **J'**avale la patate, Maria. — **C'**est là l'âne **d'A**nna.

5e LEÇON. — **DU PLURIEL**.

= *Anastase a un baba, deux babas.*

Enfants, retenez bien ceci : **Quand un mot fait penser à plusieurs personnes, à plusieurs animaux, ou à plusieurs choses, on dit qu'il est au pluriel.**

On met généralement un S à la fin des mots pluriels.

8e Copie. — **1°** Clara ramena d'Amérique un

lama, et Sara deux *lamas*. — Qui plaça le casque d'Anastase parmi ces *casques*? — Où est la carpe qu'Amable acheta? Dans la barque, avec les *carpes* d'Anna. = **2°** Mon ami Carle avala les *bananes* et les *crabes* d'Amable. — Ali est né dans la caste des *brames*, et non pas parmi les *parias*. — Regarde près de la plage les *Arabes*, les *caravanes*.

1er Thème.

Copier le mot qui ne désigne qu'une personne, qu'un animal ou qu'une chose; — puis immédiatement : Ecrire en face et en entier le même mot, mais désignant plusieurs personnes, plusieurs animaux, etc., etc. — *Nous ne reviendrons point sur cet avis.*

Le fiacre,	les f—.	(Finir le mot commencé, et penser à mettre un *s* à la fin.)
L'alpaga,	les a—.	
L'âne,	les â—.	
Le platane,	les p—.	
L'ami,	les a—.	

6ᵉ Dictée. — **1°** Madame Labare acheta une cage pour Clara, et deux *cages* pour Maria. — Lazare plaça dans le fiacre d'Anastase vos deux *vases* d'albâtre. — Barbe lava les *raves* et la salade qu'Amable a là. = **2°** Dans les *parages* d'Ipsara ou de Marmara, mon papa parla à deux braves *agas*. — Qui se régalera de ces *crabes* et de ces *patates*? — Maria admira des *cataractes* près du Canada.

6ᵉ LEÇON. — E MUET.

= *Amable releva sa chevelure.*

9ᵉ Copie. — **1°** Amable ne vous menacera

plus. — Papa sema là de la salade de mâches. — Carle releva la cavale d'Anastase, n'est-ce pas? — Ah! vous voilà revenu de la promenade? = **2°** Que de vase sur ces rivages! — Je regarde les brebis de madame Clare qu'Amable nous amena. — Papa m'acheta une capote de peluche. — La chevelure d'Anna est admirable.

2ᵉ Thème.	La chevelure,	les ch—.
	Le revenu,	les r—.
	Une menace,	des m—.
	Une remarque,	deux r—.
	La pelure,	les p—.

Comme vous le voyez, enfants, dans releva, chevelure, *etc.,* l'e *est généralement employé pour peindre l'e muet.*

7ᵉ Dictée. — **1°** La chevelure de madame Lemare est remarquable. — Carle est revenu du Canada. — Qui pela ce platane? — Sara releva les deux petites pelotes d'Amable. = **2°** Barbe se leva de table avant son papa; elle ne le fera plus, n'est-ce pas? — Un avare releva des pelures qu'Anastase jeta, **et** il dévora **ces** pelures; il **est** * devenu blême *.

(*) *Remarquez, enfants, que :* dans : et, dévora, ces; — dans est, blême, — le caractère E se prononce autrement que dans le mot pelures.

7° LEÇON. — E sonore.

= *En vérité, papa a été sévère pour lui-même comme pour Ernestine.*

Dans : *Amable releva sa chevelure,* le caractère *e* se prononce *e* ou ne se prononce pas du tout; — mais quelquefois ce caractère **e** doit se prononcer *é, è* ou *ê*, comme vous l'avez vu dans : et il dévora ces pelures; il est devenu blême.

Lorsque l'*e* se prononce peu fortement, ou ne se fait pas entendre du tout, on l'appelle **e muet.**

Exercice. — Faire remarquer et nommer les *e* muets de la sixième leçon.

———

Très-souvent l'*e* se prononce assez fortement, l'**e** est **sonore** enfin, comme on le voit dans et, dévora, ces, etc. — et dans la phrase : En vérité, papa a été sévère, etc.

Le plus souvent on met sur l'*e* qui doit être sonore un petit signe que l'on appelle **accent.**

§ 1ᵉʳ. — DES ACCENTS.

Attention! mes petits amis : On emploie en français trois accents différents : ´, — ` , — ^.

1° Il y a un accent qu'on trace en allant de droite à gauche ´ . **Ex.** : La sévérité de Félicité.

2° *L'accent qui va de droite à gauche s'appelle* **accent aigu.**

NOTA. — *Le § II et le § III de cette 7ᵉ leçon seront placés avant la dixième leçon et avant la onzième, pages 17 et 18.*

———

8ᵉ LEÇON. — DE L'É SURMONTÉ D'UN ACCENT AIGU (é *fermé*), *ou* :

= *Aglaé, l'été est passé.*

10ᵉ Copie.

Exiger que l'enfant distingue et nomme tous les *accents aigus*.

1° Félicité a révélé la vérité. — Qui a déplacé le canapé écarlate de madame Léna? — Mon papa a de la célébrité, et il est révéré. — Le café est agréable. = **2°** Barnabé a cassé deux épis de blé l'été passé. — Ma Fatmé a déplacé tes deux résédas, cela m'a récréé. — Le blé qu'Aglaé a semé a dégénéré.

Écoutez bien, mes enfants : L'é surmonté d'un accent aigu se nomme **é fermé**.

3ᵉ Thème. Un dé,	deux d—.
L'ébéniste,	deux é—.
La vérité,	les v—.
La clarté,	les c—.
L'érable,	les é—.

On peint en général le son *é* (e fermé) par un é, *comme vous le voyez dans* été passé, *etc.;* — *ajoutons :* On met toujours un accent aigu sur l'e fermé qui est la dernière lettre de la syllabe. — (Le s qui marque le pluriel n'empêche pas l'emploi de l'accent.)

8ᵉ Dictée. — 1° La sévérité d'Aglaé a été sage. — Barnabé a semé du sénevé et des céréales. — Mon réséda a été déplacé. = **2°** La vérité est qu'Émile a dévoré deux pâtés. — Félicité a récréé Maria. — Noé a été préservé lors du Déluge. — René ne dira jamais des vérités désagréables.

NOTA. — *Il faut n'enseigner à un enfant très-jeune que le nom d'un seul accent dans une leçon, — et même :*

Lorsque l'enfant sait nommer parfaitement l'accent aigu, il faut, avant de lui en faire connaître un autre, lui faire étudier non-seulement la neuvième leçon, mais encore la quatorzième leçon, son i, page 22. — *Il reviendra ensuite au § II dé la 7e leçon, et à la 10e leçon, page 17.*

9e LEÇON. — DE L'É (*fermé*) ÉCRIT PAR EZ.

= *Vous direz toujours la vérité.*

11e Copie. — **1°** Si vous marchez dans ce pré, vous salirez vos bas, Émile. — Vous admirerez la démarche grave des lamas. — Carle, vous avez trop de témérité. — Félicité, vous casserez bien les avelines d'Anna. = **2°** Où placerez-vous cet érable? — N'avez-vous pas trop épicé ces pâtés, Sara? — Que regardez-vous, Amélia? les résédas d'Aglaé? — Avez-vous épelé? = **3°** (*vous*) Jouez à cache-cache. — (*vous*) Prenez le baba qu'Amable plaça là. — (*vous*) Ramenez toujours nos vaches dans leurs étables, mon ami René.

4e Thème.

1. Vous replacerez ce panache,   ces deux p—.
Vous vous pavanez sur le canapé,   sur les c—.
Vous révérez ce patriarche,   ces deux p—.

5e Thème.

2. Regardez-vous cette mascarade?   ces deux m —?
Etamerez-vous cette glace?   ces trois g—?
Admirez-vous cette cascade?   ces trois c—?

6e Thème.

3. (*vous*) Ramez vers l'arche,   vers les a—.
(*vous*) Parlez de la débâcle,   des d—.
(*vous*) Achetez ce blé,   ces b—.

Direz *ou* marchez, *etc.*, *doit servir à vous rappeler que :* Le mot qui se joint au mot *vous* finit très-souvent par *ez.*

9ᵉ Dictée. — **1°** Vous glaner**ez** dans mes blés. — Vous avaler**ez** cette tasse de café. — Vous vous parer**ez** de ces falbalas, Élisa. — Évariste, vous direz toujours des vérités agréables. == **2°** Amable, vous promen**ez**-vous dans l'été? — N'admir**ez**-vous pas mes acacias? — Parler**ez**-vous à Félicité de la félicité d'Anna? == **3°** Émile, (*vous*) lev**ez**-vous, (*vous*) plac**ez** là mes deux résédas, puis (*vous*) admir**ez** mes érables et mes catalpas. — Mon ami, (*vous*) salu**ez** ces dames.

---

§ II de la 7ᵉ leçon. Papa a été sévère pour...

1° Il y a un accent que l'on trace en allant de gauche à droite ` . Ex. : La chère nièce d'Adèle.

2° *L'accent qui va de gauche à droite s'appelle* **accent grave.**

10ᵉ LEÇON. — **DE L'È SURMONTÉ D'UN ACCENT GRAVE** (e *ouvert*), *ou :*

== *Ève est notre première mère.*

12° Copie.

Exiger que l'enfant distingue et nomme tous les *accents graves.*

1° Ma chère Anna, vous ne serez ni fière ni altière. — Ici, Fidèle, (*vous*) ramassez ces deux lièvres. — Adèle, vous lèverez-vous la première? — Vous mènerez les chèvres dans nos prés. ==

2° Mon père ne sera pas sévère. — Que madame Lefèvre a les lèvres malades! — On fera des prières pour Geneviève. — (*vous*) N'écrasez pas mes primevères! — (*vous*) Admirez ce diadème! — Arsène est célèbre.

Attention! L'è surmonté d'un accent grave se nomme **e ouvert**

7e **Thème.** Une patère,   trois p—.
Une chèvre,   trois ch—.
Le nègre,   deux n—.
La tabatière,   les t—.
L'épicière,   les é—.

On peint souvent le son *è* (*e ouvert*) par un *è, ainsi que vous le voyez dans* Ève, mère, *etc., etc.; — ajoutons :* On met toujours un *accent grave* ` sur *l'e* ouvert qui est la dernière lettre de la syllabe.

10e **Dictée.** — **1°** La fière, l'altière Arsène se pavana à Genève. — Mon ami Lefèvre a la fièvre. — La salade d'Adèle est sèche et amère. — Valère, vous parlerez à René de mes deux nègres fidèles. = **2°** Le fidèle Fidèle a gardé les lièvres et la crème de ma mère. — On sème le trèfle dans les prés. — Que ma nièce Geneviève a de grâce et de légèreté! — Ève, notre première mère, pécha.

Nota.— *Lorsque l'élève saura parfaitement reconnaître et nommer l'accent grave, il faudra lui faire étudier la quinzième leçon, son o, — avant de lui faire voir la onzième, ou même le § III de la 7e leçon, placé ci-dessous.*

§ III de la 7e leçon. Papa a été sévère pour lui-même.

1° Il y a un accent qui est formé de la réunion

de l'accent aigu ´ et de l'accent grave ` ; il a la forme d'un toit en pointe, d'un petit chapeau ˆ .

Ex. : La bête. — La même fenêtre. — La grêle.

2° *L'accent qui forme un petit toit se nomme* **accent circonflexe.**

11e LEÇON. — DE L 'Ê SURMONTÉ D'UN ACCENT CIRCONFLEXE (e *très-ouvert*).

= *Ce prêtre prêcha dans le Carême.*

13e Copie.

Exiger que l'enfant distingue et nomme tous les *accents circonflexes.*

1° (*vous*) Prenez votre bêche, et (*vous*) bêchez vous-même près. des frênes et des chênes que voilà. — Gare la tête, Anna ! — Qui place pêle-mêle des pêches et des nêfles ? — Cela est bête. = 2° Est-ce l'évêque ou l'archevêque qui prêchera dans ce Carême? Non, c'est un prêtre. — Barnabé, vous laverez les fenêtres de ma mère. — Maria, vous agissez (1) trop sans gêne avec Ernestine (1).

L'ê surmonté d'un accent circonflexe (ˆ) se nomme **e** **très-ouvert.**

8e Thème. Le pêne (de la serrure),   trois p—.
　　　　　　L'être,　　　　　　　　　 les ê—.
　　　　　　L'évêque,　　　　　　　　les é—.
　　　　　　L'archevêque,　　　　　　les a—.
　　　　　　Un frêne,　　　　　　　　quatre f—.

---

(1) Voyez la note de la page 20.

Comme vous le voyez dans même, prêtre, Carême, *etc.* : On peint très-souvent le son ê (*e très-ouvert*) par un ê ; — *ajoutons :* On met un *accent circonflexe* ^ sur l'e très-ouvert, qui est la dernière lettre de la syllabe.

11e Dictée. — **1°** Qu'Anna est donc blême et grêle ! — Mon papa m'acheta lui-même cette bêche. — (*vous*) Placez ici ces trois pêches. — Dépêchez-vous. — Pour Félicité, un gala est la félicité suprême. = **2°** L'évêque est plus que le prêtre, l'archevêque est plus que l'évêque. — Je répète deux superbes (1) fables pour la fête de papa. — La grêle a cassé l'acacia d'Albertine (1).

12e LEÇON.

RÉCAPITULATION DES EXERCICES SUR LES ACCENTS.

Nota. — *Désormais l'élève devra* toujours, *en épelant, désigner l'accent par son surnom de* aigu, grave *ou* circonflexe.

14e Copie. — **1°** Le blé est une céréale, Félicité. — La nièce d'Adèle est altière. — Le même prêtre prêchera tout le Carême. — Cécile élève elle-même ses deux chèvres. = **2°** Révère ton père et ta mère, ma Célina. — Ma mère a acheté deux pâtés de lièvre. — Notre évêque a visité son archevêque. — Que cet épi de blé est frêle, mon père ! — Mon René épèle bien déjà.

12e Dictée. — **1°** Que préférez-vous, Arsène, être propre ou être sale ? — Si vous préférez être propre, il est utile qu'Adèle vous lave le

---

(1) Remarquez, enfants, que l'*e* sonore est écrit sans accent dans *agissez*, dans E*rnestine*, à la 13e copie ; — dans *superbe, etc., etc.*

visage. — **Élisa** a passé à gué la petite rivière de **Bièvre**. = **2°** **Émilia** a la fièvre et un érésipèle, qu'elle est blême! — La **Grèce** est très-célèbre. — **René** a cassé lui-même ses deux flèches. — Qui répétera une fable? — Le péché d'**Ève** nous a été funeste.

13ᵉ Dictée. — **1°** Le pape lui-même a placé le diadème sur la tête de **Napoléon Iᵉʳ**. — **Adèle**, je révère ta mère. — **Arsène** a cassé un pêne. — **Bébé**, qui lèche ma crème, a avalé des arêtes. — Le cèdre élève sa tête altière. — **2°** On a placé pêle-mêle des érables, des chênes, des frênes. — La grêle a brisé les vitres des fenêtres d'**Adèle** et d'**Aglaé**. — Qui a déraciné mes primevères et cassé ce pétale d'anémone, **Valère?** — **Céline** a été la première.

13ᵉ LEÇON.—DE L'E SONORE SANS ACCENT, *ou :*

= **Ernestine** *versera des larmes.*

15ᵉ Copie. — **1°** **Ernestine** a perdu l'arme de son frère **Septime**, elle verse des larmes. — Voilà des perles superbes, mon cher **Edme!** — **Mercredi**, l'alerte, le leste **Célestin** escalada ce tertre. = **2°** Le lièvre a des vertèbres, mais l'écrevisse est sans vertèbres. — La bergère ramène à la ferme les moutons et les chèvres. — **Edme**, le miel de **Célestine** est délectable!

Vous voyez, mes petits amis, que : L'e sonore n'est pas toujours surmonté d'un accent.

9ᵉ Thème. La veste,   deux v—.
            L'averse,   les a—
            L'escadre,   trois e—.
            Le reste,   les r—.
            Un reptile,   quatre r—.

Les mots Ernestine, versera, *etc., doivent vous rappeler que :* En général, l'e sonore ne prend pas l'accent lorsqu'il ne termine pas la syllabe.

14ᵉ Dictée. — 1° Qui lia en gerbes le blé d'**E**dme? — Notre fermière a une superbe ferme; des vaches, des chèvres, des canes, etc. — Céleste vous a versé de la crème, remerciez-la. — Cette nèfle est détestable! = **2°** La peste a décimé tout l'équipage de mon escadre. = Robertine sema du trèfle et du blé de deux espèces. — Il *y* (1) a des nègres esclaves. — Montez au belvédère que vous voyez sur ce tertre, il est très (*)-élevé.

(*) Lorsqu'à la fin d'un mot l'e sonore est suivi seulement d'un s il prend un accent, quoiqu'il ne termine pas la syllabe (exceptions : *les, des, mes, tes, ses* et *ces*).

14ᵉ LEÇON. — I, *ou :*

= **Imite** *ton père et ta mère,* **Mimi.**

16ᵉ Copie. — 1° Bibi, il est midi et demi, (*vous*) venez lire. — Firmine a la mine rébarbative, elle est acariâtre. — Gui respira près de la

(1) *Vous le voyez :* Lorsque le son i forme à lui seul un mot, on l'écrit par **y**.

rivière des miasmes putrides. — Cécile ira dans le Chili. = **2°** Ma fidèle Zémire a suivi Samedi deux lièvres à la piste. — (*vous*) Imitez l'active fourmi. — Adeline te dira qu'Aline est câline. — Il y a ici des balsamines et des camélias superbes.

10• Thème.

Une praline,	quatre p—.
Une pistache,	cinq p—.
Une zibeline,	cinq z—.
L'amitié,	les a—.
L'inimitié,	les i—.

Comme vous le voyez dans imite, Mimi, Bibi, *etc.* : On emploie le plus généralement un i pour peindre le son *i*.

15ᵉ Dictée. — **1°** Il y a des images dans la Bible de Sabine. — Le caniche est fidèle, sa fidélité est admirable. — Qui dira qu'Élise a de l'activité? — Lise, (*vous*) dépliez le châle d'Albine. = **2°** Avec le litre, l'épicière mesure les matières sèches ; la farine, les fèves, etc., et les liquides. — Émilia, (*vous*) imitez ce délié. — Lia est la mère de Lévi.

15ᵉ LEÇON. — O , *ou* :

= *Le Monomotapa est dans l'Afrique.*

17ᵉ Copie. — **1°** Forme et réforme ton caractère, Isidore. — Ah! comme mon cabri cabriole! — Caroline, (*vous*) regardez dans ma volière ces deux jolis colibris. — La balsamine est inodore, Léopoldine. = **2°** Clotilde, (*vous*) dînez ici, avec Jérôme et Rosalba; voilà du potage,

des olives, des tomates, des soles frites, un rôti,
du macaroni, du fromage de chèvre, une brioche
et des pêches.

11º Thème. Une loco**mo**tive,   trois l—,
             Un cr**o**co**d**ile,   quatre c—,
             L'**o**mo**p**late,   les **o**—,
             Une pr**o**priété,   quatre p—,
             Une pi**o**che,   cinq p—.

Comme vous le voyez dans Monomotapa, *etc.* : On emploie très-
souvent un *o* pour peindre le son *o*.

16ᵉ Dictée. — **1º** Onésime, vous remar-
querez les petites cornes de la girafe. — Léopoldine, la loge de la portière est sous la porte
cochère. — Les jolis sofas ! — L'orage a brisé
deux chênes. = **2º** Rosa, *(vous)* versez ce cacao
dans la chocolatière de Noémi. — Un volatile
est une bête qui vole. — Zoé, voilà de jolis volatiles dans ces bocages ! — *(vous)* Otez d'ici ces
fioles et toutes ces babioles, Léonide.

<hr>

16ᵉ LEÇON. — **U**, *ou* :

= **U**rsule ne murmurera pas.

18ᵉ Copie. — **1º** L'âne est une créature fort
utile. — Ma mère préfère toujours l'utile à l'a-
gréable. — Que de capucines sur la salade de
Gertrude ! — La patate est-elle un tubercule ?
= **2º** Bruno fuira le rustique et ridicule Rustique. — Gustave, regardez ce nuage, il crè-
vera bientôt. — Mangez cette mûre, **U**rsule, elle

est bien mûre. — Que préférez-vous, les mûres
rouges ou les mûres blanches?

12ᵉ Thème. La jujube,   quatre j—.
                 Un nuage,   cinq n—.
                 L'uniforme,   les **u**—.
                 Une urne,   cinq **u**—.
                 Le pâturage,   les p—.

Comme on le voit dans Ursule, murmurera, *etc.* : Presque toujours on emploie un **u** pour peindre le son *u*.

17ᵉ Dictée. — 1° Clio est une muse. — La
lune se lève, elle a lui, ma chère Gertrude. —
Suivez toujours les préceptes de la vertu. — Le
murmure des cascades m'amuse. = **2°** Le cuivre
reluira dans les cuisines de **J**ustine et d'**U**rsule.
— Rustique a fui du côté de ces ruines. — Le
suicide est un crime. — Les vertèbres, c'est la
suite des os qui forme l'épine dorsale.

17ᵉ LEÇON. — AN *ou* :

= *Fanfan dansa le fandango.*

19ᵉ Copie. — 1° Angélique, le Musul**man** porte
le turban. — L'antilope a des cornes, qu'elle est
légère! — **An**selme a ébranché les arbres de mes
deux tantes. — La frugalité procure une santé
robuste. = **2°** On cultive le safran dans le midi
de la France. — Ermance est un ange, maman
chante toujours ses louanges. — L'amiante est
une substance minérale.

Attention, mes petits amis !

Tout mot qui fait penser à une PERSONNE ou à des personnes, — à un ANIMAL ou à des animaux, — à une CHOSE ou à des choses, se nomme mot SUBSTANTIF.

NOTA.—*Il faut faire indiquer verbalement au petit élève quels sont les mots* substantifs *dans le thème et dans la dictée qui suivent cette explication.*

13ᵉ Thème.	Un ma**n**che,	cinq m—.
	Une ma**n**che,	six m—.
	L'éla**n**,	les é—.
	Un pélic**an**,	les p—.
	L'ora**n**ge,	six o—.

Comme on le voit dans Fanfan, dansa, *etc. :* On emploie souvent les caractères a n pour peindre le son *an.*

18ᵉ Dictée. — 1° Le Ramada**n** est le Carême des Musulma**n**s. — Iva**n**, la salama**n**dre n'est pas un reptile. — Le chê**n**e à liége se cultive dans les La**n**des, au midi de la France. = **2° An**dré, (*vous*) voyez ici une petite île. — Erma**n**ce, il y a des îles très-gra**n**des dans l'Océa**n**. — Zizi a ma**n**gé toute la viande de Fra**n**cine, la friande qu'elle est ! — (*vous*) Méritez toujours nos loua**n**ges par votre obéissa**n**ce.

18ᵉ LEÇON. — IN, *ou :*

= *Firmi**n** a deux singes mali**n**s.*

NOTA. — *Dans les copies qui vont suivre, et jusqu'à la 38ᵉ, on fera mettre un s sous chaque substantif; — nous ne reviendrons pas sur cet avis.*

20ᵉ Copie. — 1° Albi**n**, vous ne ferez jamais de chagri**n** à votre petite maman. — Je vous prête

ce coin de mon jardin, Victorin ; cultivez-y le
chanvre et le lin. — Tire ta carabine, Martin :
pan! voilà un lapin de tué! = **2°** L'insecte n'a
pas de vertèbres, Justin.—Le foin se fane à la fin
de Juin. — Le requin est vorace. — La Cochin-
chine est loin du golfe de Finlande. — Ah! la
pointe de votre épingle me pique!

14e Thême. Un fantass**in**,   six f—.
          Un gro**in**,   sept g—.
          Une p**in**ce,   sept p—.
          Le beso**in**,   les b—.
          La po**in**te,   les p—.

Comme vous le voyez dans Firmin, singes, *etc. :* On emploie très-
souvent les caractères **i n** pour peindre le son *in*.

19°· Dictée. — **1°** (*vous*) Savez-vous, Bernar-
din, que le capucin porte la sandale? — (*vous*)
Venez au Jardin-des-Plantes, vous y admirerez
des pins et des sapins superbes. — Victorin,
avez-vous des serins, des lapins, des singes? =
2° Lubin n'est plus malade, il n'a pas le moindre
besoin de soin. — Le quinze de Juin est passé,
fanez vos foins. — Martin, vous en avez été témoin, notre vin a suinté ici.

19e LEÇON. — **ON**, *ou* :

= *Mon on*cle *Léon, mangez ce bonbon.*

21e Copie. — **1°** Le bonbon de Siméon est-il
bon? — Le lion a rugi. — Pantaléon, qu'est-ce
que Robinson a de pointu sur la tête? — La

chevelure d'Absal**on** a été sa ruine. = **2°** Constantin, visiterez-vous avec Gast**on** nos filatures de lin, de chanvre et de cot**on**? — Cette petite épingle est un cami**on**. — L'amiante brûle, et ne se c**on**sume pas.

15e **Thème.**	Une porti**on**,	six p—.
	Un caméléo**on**,	sept c—.
	Un potir**on**,	huit p—.
	L'ép**on**ge,	les é—.
	L'éper**on**,	les é—.

Ainsi qu'on le voit dans **mon** on**cle Léon,** *etc. :* On emploie presque toujours les caractères **o n** pour peindre le son *on*.

20e **Dictée.** — **1°** Simon, soyez b**on**, comme votre Père céleste est b**on**. — Que Constantine est bl**on**de! — Dévide **ton** coton sur mes bobines. — La n**on**chalance est fort blâmable, Sim**éon**. = **2°** Gast**on** mangera du dind**on** rôti, des c**on**fitures, et tous les b**ons** bonb**ons** qu'Anastase a là. — L**éon** a vu dans l'île d'Olér**on** deux superbes li**ons** d'Afrique.

20e **LEÇON.** — **UN,** *ou :*

= *Lun*di *chacun de nous visita* **un** *tri*b**un**.

22e **Copie.** — **1°** **Un** coch**on** brun a blanchi son groin dans le son et dans la farine de Lubin. — Madame Lebrun, voulez-vous de l'alun de Rome ou de l'alun calciné? = **2°** (*vous*) Parlez à chacun de sa santé. — Mon oncle, partirezvous pour la Suède, pour Falun, Dimanche, ou

Lundi matin? — Anastase, regarde dans mes gravures ces deux tribuns vêtus de brun.

16ᵉ Thème. Un Lu**n**di,   sept L—.
          Un trib**un**,   huit t—.
          Le br**un**,   les b—.

Ainsi qu'on le voit dans Lundi, chacun, *etc. :* On emploie presque toujours les caractères **u n** pour peindre le son *un*.

21ᵉ Dictée. — 1° La défu**n**te Constance nous conta l'an passé une admirable anecdote sur deux sévères tribu**n**s de Rome. — Chacu**n** admira **un** joli insecte d'**un** brun orangé. = **2°** Ici, Gustave, **un** malade a besoin d'alu**n**. — Mon ami, si vous prisez du pétu**n** comme Constantin, chacu**n** vous blâmera. — Melu**n** n'est pas loin d'ici.

====

21ᵉ LEÇON. — **OU**, *ou :*

= *Ah! le joli joujou, Louise!*

23ᵉ Copie. — **1°** Écoute toujours ta mère! — Ne tuez pas les mouches. — N'oubliez jamais l'invisible Témoin. — L'amadou de Soulange est bon. — Le sajou ou sapajou est un singe d'Amérique. = **2°** Ah! le joli bijou! — Louison, si vous recevez deux sous, puis un sou, vous possèderez?... — La fouine est carnassière. — Mon caniche m'est dévoué. — Posez ces clous. L'ouvrière a-t-elle ouaté mes robes? **Oui.**

17ᵉ Thème. Un gou**j**on,   sept g—.
          Une pel**ou**se,   huit p—.

L'av**ou**é,	les a—.
L'**ou**ragan,	les **ou**—.
Un mars**ouin**,	huit m—.

Ainsi qu'on le voit dans joujou, Louise, *etc.* : On emploie le plus souvent les caractères **o u** pour peindre le son *ou*.

22ᵉ Dictée. — 1° Ouvre ta bouche, Louise, voilà une praline. — Le mouton bêle, la poule glousse, le dindon glouglroute. — La tulipe pourpre s'épanouira. — Retirez-vous du goudron de vos pins? **Oui. = 2°** La **ou**ate se fabrique avec du coton. — Maclou, bouchez ces trous ! — Portez à Louise sa semoule dans une soucoupe. — Le chanvre de Louison rouira dans ces rus. — Un bédouin est un arabe nomade.

22ᵉ LEÇON. — OI, *ou* :

= *Éloi, voilà de la toile pour toi.*

24ᵉ Copie. — 1° Ma poule noire a gloussé. — Voisin, vous ne pêcherez pas de poissons dans notre rivière ! — L'amande des pêches est un poison. — Il y a douze mois dans un an. — Gustave Vasa a été roi de Suède. **= 2°** Après la moisson, Louison fera de la toile fine avec ce lin; et avec ce chanvre, elle fera des toiles à voiles pour Antoine le marin. — Votre toiture est-elle en ardoises ou en tuiles, Magloire?

18ᵉ Thème.	Le p**oi**son,	les p—.
	Un p**oi**sson,	huit p—.
	La m**oi**sson,	les m—.

L'**oi**son,	les **oi**—.
Une b**oî**te,	neuf b—.

Comme vous le voyez dans voilà, toile, *etc. :* On emploie le plus souvent les caractères o i pour peindre le son (double) *oa*.

23ᵉ Dictée. — **1°** La vertu procure la véritable gloire. — Il y a des poisons sans remède. — Le marsouin n'est pas un poisson, c'est un cétacé. = **2°** Que le poivre est désagréable ! — Bijou a mangé la moitié de ma poitrine de mouton ! — Coupez cette toison, Sidoine. — Éloi m'achètera des poissons rouges. — La nuque des sapajous d'Antoine est noire.

23ᵉ LEÇON. — **EU**, *ou :*

= **Eu**gène, *vous jouez avec le* **feu** ?

25ᵉ Copie. — **1°** Le bon Dieu vous bénira si vous le priez chaque matin. — L'indigo procure un bl**eu** superbe. — **Eu**sèbe, (*vous*) cachez ce pieu dans un coin. — Adieu, ma tante. Adieu, mon neveu, à Jeudi. = **2°** Dans la Grèce (en **Eu**rope), on adora le dieu Saturne, le dieu Pan, et même les méchantes **Eu**ménides. — C'est Dieu qui a créé toutes les plantes, toutes les bêtes, etc. — La vache beugle.

19ᵉ Thème. L'**eu**cologe,	neuf **eu**—.
Le nuage bl**eu**,	quatre n—b—.
Une tubér**eu**se,	neuf t—.
La curi**eu**se,	les c—.

Comme vous le voyez dans **Eu**gène, feu, *etc. :* On emploie très-souvent les caractères e u pour peindre le son *eu*.

24ᵉ Dictée. — **1°** Dieu créa le monde par sa

parole. — Louise a dans son armoire deux châles bleus, et deux robes d'un joli bleu de roi. — On fabrique en Europe des bas feutrés pour les marins. = 2° Le feu est répandu dans toute la nature. — Ah! toute la meule de foin d'Eustache qui est en feu! — Eugénia, ne vous montrez pas vaniteuse. — Eugène, le bon Dieu a soin de nous et de toutes ses créatures.

24e LEÇON. — EUX, ou :

= *Vous ferez vos adieux à ces lieux.*

Mes enfants : Quand le mot terminé en **EU** désignera plusieurs êtres ou plusieurs choses, vous mettrez à la fin un **X** (au lieu d'un *s*).

20e Thème.

L'essieu,	deux e—.
Un pieu,	neuf p—.
Un jeu,	quatre j—.
Un cheveu,	quatre ch—.
Un dieu (de la Fable),	cinq d—.

26e Copie. — 1° Eugénia, vous brûlez vos cheveux. — Meunière, avez-vous soin de moudre l'avoine de mes neveux? — Admirez les courses et les jeux de Moustache. = 2° Antoine, portez ces quatre pieux dans le lieu que je montre là, puis vous nous ferez vos adieux. — Vous ne rétracterez pas vos aveux.

21e Thème.

Le feu,	les f—.
L'aveu,	les a—.

L'adi**eu**,	les a—.
Le li**eu**,	les l—.
Un épi**eu**,	dix é—.

25ᵉ Dictée. — **1°** Eutrope, (*vous*) ôtez à vos neveux ces trois jeux de cartes. — En Grèce, on adora des multitudes de di**eux** ; il n'y a qu'un Dieu véritable, c'est le bon Dieu qu'on adore dans ces li**eux**. = **2°** Eugène, pour votre chasse, servez-vous de mes épi**eux**. — Venez, Constantin, que je lave vos chev**eux** et votre petite tête. — Que j'admire les f**eux** d'artifice !

25ᵉ LEÇON. — **Y, son de i i**, § 1ᵉʳ, *ou* :

= *La Savoyarde bruyante chanta.*

27ᵉ Copie. — **1°** Dans le Déluge, Dieu no**y**a toutes les créatures coupables. — Bon vo**y**age, Aglaé ! — La petite moustache qu'Eugène a sous la lèvre est une ro**y**ale. = **2°** Votre bouledogue abo**y**a après moi. — Eusèbe, le mo**y**eu de cette voiture est là, et voici les mo**y**eux des deux nôtres. —La popèline qu'Anna me montra est fort so**y**euse. — Cette bru**y**ère rose est charmante.

22ᵉ Thème. Un no**y**é,	dix n—.
Une vo**y**ageuse,	quatre v—.
Un mo**y**eu,	dix m—.
Un gru**y**ère,	neuf g—.
La bru**y**ère,	les b—.

Comme vous le voyez dans joyeuse, Savoyarde, *etc.* (qu'on prononce joi-ieuse, savoi-iarde, *etc.*) :

Le son de deux i se peint généralement par *y*.

26ᵉ Dictée. — 1° (*vous*) Écoutez la joyeuse fanfare ! elle célèbre la victoire de mes neveux ! — Avez-vous voyagé en Belgique ? — Voyez, Octave, les charmantes bruyères roses. = 2° Le chêne a déployé en ces lieux son superbe branchage. — (*vous*) Mangez de ce gruyère, Martin. — Louison, la savoyarde, se réjouira dans son voyage. — Léonide a des cheveux très-soyeux.

Y, son de i i, *suite.* — § II de la 25ᵉ leçon, *ou* :

= *Sa chanson nous égaya.*

28ᵉ Copie. — 1° Dès l'âge d'un an, Célestine bégaya : Papa, maman, dodo ! — Le zèbre est une sorte d'âne rayé. — Voici votre ardoise et un crayon, (*vous*) écrivez. = 2° (*vous*) Placez votre fromage sur un clayon, et ayez-en soin. — (*vous*) Otez d'ici toutes ces balayures, Justine. — Ah ! le malin paysan qu'Eustache !

23ᵉ Thème.		
Un rayon,	neuf r—.	
Un sayon,	dix s—.	
La balayeuse,	les b—.	
Le paysage,	dix p—.	
La rayure,	les r—.	

Comme vous le voyez dans égaya, rayon, *etc. :*
On emploie le plus souvent ayon, ayé, ayeu, ay, ayu, pour peindre les sons *ai-ion, ai-ié, ai-ieu, ai-i, ai-iu,* etc.

27ᵉ Dictée. — 1° Votre crayon est-il bon, Louise ? (*vous*) rayez quatre ou cinq pages d'écriture. — Je trouve charmantes les rayures de ce satin ; il a été acheté à la Balayeuse, et c'est ma tante qui l'a payé. = **2°** (*vous*) Admirez ce **rayon** de lumière sur notre joli paysage ! — Vous **trouverez** de jolis contes dans votre livre, ayez-en soin. — Si vous devez quelque chose, (*vous*) payez-le tout de suite.

────────

SUPPLÉMENT A LA PREMIÈRE SECTION.

26ᵉ LEÇON. — **AM**, *ou :*

= **Amb**roise *a été* **am**puté *Dimanche.*

29ᵉ Copie. — 1° Qu'**Amb**roise est donc in-**gamb**e ! — Rosa est une **lamb**ine, elle n'a encore rayé que deux pages. — On tire de l'**amb**re des **rivages** de la Baltique. — Vous ferez un délié **devant** chaque **jamb**age. = **2°** Sèmerez-vous des **camp**anules? — Flambez ce cachemire, il est venu des lieux pestiférés. — La clarté de la **lamp**e me **fatigue**. — Ah! (*vous*) voyez, que de **lamp**ions!

24ᵉ Thème.	L'a**mb**e,	les **am**—.
	Un la**mb**in,	dix l—.
	Un **bamb**ou,	onze b—.
	Un la**mp**iste,	onze l—.
	Une cra**mp**e,	deux c—.

Ainsi que vous le voyez dans **Amb**roise, a**mp**uté, *etc.* :
On écrit le son *an* par a m avant un b ou un p.

28ᵉ Dictée. — 1° La bécasse a les **jamb**es **longues** et grêles. — Dans votre voyage aux Indes **avez-vous** vu de ces énormes **bamb**ous? — (*vous*) **Goûtez** à ce **jamb**on. — Le reptile est une bête qui rampe. = **2°** Si tu brûles de l'**ambre**, ma chère **Ambroisine**, tu parfumeras ta **chambre**. — (*vous*) Jouez à cache-**tampon**, **Ambroise**.— On fabrique les mèches des **lampes** avec du coton.

27ᵉ LEÇON. — **IM**, *ou* :

= *Ce linge est* **imb**ibé *d'une bière* **limp**ide.

30ᵉ **Copie.** — **1°** Ambroise n'a pas de barbe, il est **imberbe**. — Le midi de la France a été parcouru, et ravagé d'une manière **impitoyable**, par les Cimbres et les Teutons venus de bien loin. = **2°** A qui la **guimbarde**? — Eugène **grimpe** toujours sur mes meules de foin, il est bien **importun**. — Que l'onde est **limpide** ici! — Ambroisine, (*vous*) ne soyez jamais **impérieuse** avec les domestiques.

25ᵉ Thème.	Une t**imb**ale,	onze t—.
	Le br**imb**orion,	dix b—.
	Un s**imp**le,	des s—.
	Une s**imp**le gu**imp**e,	douze g—.

Comme vous le voyez dans imbibé, limpide, *etc.* :
On écrit le son *in* par i m avant un b ou un p.

29ᵉ **Dictée.**— **1°** N'**importune** jamais ton père! — Adèle, vous ferez une veste à l'arlequin d'André avec ces **brimborions**. — Une petite savoyarde a joué de la **guimbarde** dans ces lieux. — Méprise l'**impiété**! = **2°** Le toucan **grimpe** aux branches, et le coucou y **grimpe** aussi. — Simplice, lorsqu'un infortuné **implorera** votre charité, (*vous*) secourez-le ; ne soyez jamais **impitoyable**. — Le crétin est presque **imbécile**.

28ᵉ LEÇON. — **OM**, *on* :

= *Léon* **tomba** *près de votre* **pompe**.

31ᵉ Copie. — **1°** Ma colombe a gémi. — Écoutez, Colombe, un **nombre** est la réunion de plusieurs unités. — Tenez la rampe, Ambroise, ou vous **tomberez**, et vous vous **romprez** les bras et les jambes. = **2°** Un siècle se **compose** de cent ans. — Ah ! cette mouche qui plonge sa petite **trompe** dans le calice de mes campanules ! — On place les **trombes** au **nombre** des météores.

26ᵉ Thème.	Une co**lombe**,	onze c—.
	L'o**mbrage**,	les **om**—.
	Une p**ompe**,	douze p—.
	Une **compote**,	deux c—.
	Un **compatriote**,	douze c—.

Ainsi qu'on le voit dans tomba, pompe, *etc. :*
On écrit le son *on* par **o m** avant un **b** ou un **p**.

30ᵉ Dictée. — **1°** Mon ami Simplice est **tombé** dans ces lieux **sombres**. — Dieu a créé un **nombre** considérable de simples et de plantes médicinales. — La bouche de la mouche se termine par une petite **trompe**. = **2°** Ambroisine et Colombe, (*vous*) venez chez moi ; vous y mange-rez du jambon, des compotes, des confitures et des meringues. — Chacun de nous se trompe. — Gare la bombe !

FIN DE LA PREMIÈRE SECTION.

CONSONNES

PARTIE TRÈS-ÉLÉMENTAIRE

(*Voir* l'AVIS TRÈS-ESSENTIEL, page 6.)

DES CONSONNES

Vous avez vu dans la première section que les voyelles sont **a**, **e**, **i** ou **y**, **o**, **u** : — et qu'on doit encore considérer comme de voyelles **é**, **è**, **ê**; — **an**, **in**, **on**, **un**; — **ou**, **oi**, **eu**, etc.

Attention ! enfants : Les lettres qui ne sont pas des voyelles s'appellent **consonnes**.

Les consonnes sont :

b c d f g j k l m n p q r s t v w x z,—
et souvent **h.**

On peut également considérer comme des con-sonnes **ch**, **gn**, **ill** ; — et même **ph**, **rh**, **th.**

Vous le savez, enfants : 1° Une consonne et une voyelle forment une **syllabe** lorsqu'on doit les prononcer ensemble en épelant un mot : Exemples : *La-pin*, *Al-bi-ne*, etc.

2° Plusieurs consonnes avec une voyelle forment également une syllabe toutes les fois qu'on doit les prononcer ensemble en épelant un mot : Exemples : *Pli*, *cro-co-di-le*, *es-clan-dre*, *ef-froi*, etc.

3° Une voyelle forme à elle seule une syllabe

2.

lorsqu'on doit la prononcer seule en épelant un mot : EXEMPLES : A-mi, é-tui, é-crin, o-va-le, il y a.

Mais : 4° Une consonne ne forme jamais à elle seule une syllabe.

30ᵉ LEÇON. — B.

= § Iᵉʳ, *ou* : **B**arnabé tombera de l'arbre.

32ᵉ Copie. — Le redoutable **b**oa avale de grosses **b**êtes, dont il a **b**risé les os dans ses replis. — Ambroisine, (*vous*) coupez les cheveux bruns de **B**éatrice. — Vous avez obligé **B**asile et vous avez obtenu son amitié.

27ᵉ Thème.

Un **b**ouledogue,	onze **b**—.
Un **b**rin,	douze **b**—.
Le **b**run,	les **b**—.
Le **b**ambou,	treize **b**—.
Une **b**rebis (1),	treize **b**—.

Vous le voyez dans Barnabé, tombera, *etc.* :
On emploie presque toujours un **b** pour peindre l'articulation au commencement et au milieu des mots.

31ᵉ Dictée.— Soyez sage, le bon Dieu vous bénira. — La **b**ière est la **b**oisson favorite des **B**elges. — Obtenez-moi cette **b**ague d'ambre de la **B**altique. — Le **b**abouin est un des singes féroces.

(1) *Remarque.* — Le mot qui finit par un s lorsqu'il ne désigne qu'un seul être ou une seule chose s'écrit de la même manière lorsqu'il en désigne plusieurs.

§ II de la 30ᵉ leçon, *ou : Barbe fera cuire ce crabe.*

33ᵉ Copie. — Ambroise, voyez-vous ces nuages sombres? fuyez, une trombe n'est pas loin. — Notre globe est comme une énorme boule. — Lorsque Barbe a pêché des crabes, un crabe lui a pincé le pouce.

28ᵉ Thème.

L'ara**be**,	les a—.
Une joubar**be**,	quatorze j—.
Un cra**be**,	quatorze c—.
L'am**be**,	les am—.

Comme vous le voyez dans Barbe, crabe, *etc. :*
On met toujours **be** à la fin des mots pour peindre l'articulation *b*

32ᵉ Dictée. — La joubarbe est une plante grasse toujours verte. — Rome a été victorieuse des Curiaces et d'Albe. — Eusèbe, écoutez : Pan, pan ! la bombe éclate, elle tombe.— Napoléon Iᵉʳ gouverna un an l'île d'Elbe.

———

31ᵉ LEÇON. — **C DUR** (ou *prononcé* **K**) **AVANT LES VOYELLES** a, o, u, *ou* :

= *Servez le* **cac**ao *et les* **c**ompotes, **C**unégonde.

34ᵉ Copie. — 1° Y a-t-il des **c**as**c**ades dans le **C**anada? — **C**onstantin a **c**onservé pour son frère une boîte de **c**onserves. — La **c**aravane arabe de Mas**c**ate a péri dans les sables. = 2° Le **c**oin du feu est bon pour tous, même pour les **c**osmopolites. — La boulangère a des é**c**us!... — Mos**c**ou brûla. — **C**unégonde, notre **c**uisinière, a acheté une mesure **c**omble d'orge.

29ᵉ Thème et 30ᵉ.

1. Une **ca**mpanule,   quatorze **c**—.
Une **car**casse,   quinze **c**—.
L'ar**ca**de,   les a—.
Une **co**carde,   quinze **c**—.
Un **co**in,   quatre **c**—.

2. Un **co**n**co**mbre,   seize **c**—.
L'é**co**lière,   seize é—.
La dé**co**uverte,   les d—.
Un monti**cu**le,   dix-sept (1) m—.
L'é**cu**sson,   les é—.

Comme vous le voyez dans **ca**cao, **co**mpote, **Cu**négonde, *etc.* :
Avant *a, o, u,* c'est le plus souvent un **c** qu'on emploie pour
peindre l'articulation *k.*

33ᵉ Dictée.— **1°** Le bûcheron est **ca**lme dans
sa **ca**bane, plus que le prince sur ses bal**co**ns
dorés, ou que le roi au milieu de ses **co**urtisans.
— **Cu**négonde, vous me servirez des **co**n**co**mbres,
des **co**mpotes, des **co**nfitures.— Le péli**ca**n a une
poche près du **co**u. = **2°** Un dé**ca**litre est une
mesure de dix litres. — Qui a **co**upé les renon-
cules et les **ca**mpanules dont vous voyez les tiges
dans ce **co**in? — Il y a en Suède des mines de
cuivre fort riches. — Ah! voilà une des é**cu**yères
de Franconi!

32ᵉ LEÇON. — C DUR (ou *prononcé* **K**) **AVANT
UNE CONSONNE**, *ou* :

= **Cl**ara, *voici le* **cr**épuscule; *revenez.*

35ᵉ Copie.— **1° Cl**odion a été roi de France. —

(1) Exiger du petit élève qu'il mette régulièrement les tirets. —

L'ouverture, la bouche des volcans en est le **cra-tère**. — Victorine, saluez ici notre respectable **c**uré. — Oui, le **c**rocodile est une bien dangereuse bête. = **2°** A qui est cette bou**c**le en nacre de perle? Elle est à **Cl**ara? — Le **c**apri**c**orne, comme les bêtes à Dieu, etc., se **c**lasse parmi les inse**c**tes. — Victoire, ne soyez jamais indis**c**rète, et ayez de l'activité.

31ᵉ Thème et 32ᵉ.

1.	Une **c**loison,	seize **c**—.
	Une **c**loyère (d'huîtres),	seize **c**—.
	Un **c**layon,	dix-sept **c**—.
	Un **c**rayon,	dix-sept **c**—.
	Un **c**rétin,	dix-sept **c**—.
2.	Un obsta**c**le,	deux o—.
	Une escarbou**c**le,	des e—.
	La **c**roix (1),	les **c**—.
	Un.é**c**rou,	dix-huit é—.
	Un mi**c**roscope,	dix-huit m—.

Ainsi que vous le voyez dans **Cl**ara, **c**répuscule, *etc.*:
On emploie le plus souvent un **c** pour peindre l'articulation *k* avant une consonne.

34ᵉ Dictée.— **1°** Victoire, regardez dans mon mi**c**roscope, et le moindre des inse**c**tes sera pour vous une bête énorme; et vous **c**roirez au mira**c**le. — La **c**larté de la lune a dissipé l'obscurité. — Le **c**rabe est au nombre des **c**rustacés.= **2°** Vic-torine, tracez avec votre **c**rayon la forme du **c**ratère de l'Etna. — Ayez une parole toujours

---

(1) *Remarque.* — Le mot qui finit par un **x** lorsqu'il ne désigne qu'un seul être ou une seule chose s'écrit de la même manière lorsqu'il en désigne plusieurs.

bien distincte. — Ah! Fiacre, que ce **cloaque** infecte!

33e LEÇON. — C DUR (ou *prononcé* K) AVANT UN e OU UN i.

= § Ier, *ou* : **Qui** *débar***qu***era votre* **quinquina?**

36e Copie. — 1° La France n'a pas conservé les con**qu**êtes de Napoléon Ier. — Blanche, vous avez une forte co**qu**eluche, buvez de la tisane. — Vous porterez Dimanche pour la **qu**ête deux pièces blanches, avec ces six ou sept sous. = **2° Co**lombe, lorsque vous avez la fièvre, prenez-vous de la **qu**inine ou du **qu**inquina? — On mesure les li**qu**ides dans un vase de la capacité, ou de la contenance, du litre. — Conduisez ce bou**qu**in barbu et ces chèvres grimpantes.

33e Thème et 34e.

1. Une **qu**ête productive,	des **qu**—pr—.
Une **qu**estion,	dix-huit **qu**—.
Un **qu**inconce.	dix-neuf **qu**—.
Une **qu**inte,	deux **qu**—.
2. La co**qu**eluche,	les c—.
L'ar**qu**ebuse,	dix-neuf a—.
Une colo**qu**inte amère,	dix-neuf c—a—.
L'arle**qu**in,	vingt a—.

*Ainsi que vous le voyez dans débar***qu***era, quinquina, etc.:*
Avant un *e* ou un *i*, c'est le plus souvent **q u** qu'on emploie pour peindre l'articulation *k*.

35e Dictée. — 1° Lorsque vous ferez une **qu**estion, écoutez toujours la réponse. — Quiconque observe la loi de Dieu avec ponctualité vivra dans une grande **quiétude**. — Lacez votre brode**quin**, Adèle, ou vous tomberez. = **2°** Si vous étiez **piqué** par un scorpion dans vos voyages, soyez sans in**qui**étude, le li**qui**de contenu dans cette fiole détruira le venin, c'est de l'alcali. — Ne ta**qui**nez jamais vos frères ni vos amis.

_____

§ II, *ou* : *Que ce cosa**que** est grotes**que**!*

37ᵉ Copie. — L'Afri**que** est une grande pres**qu**'île. — Angéli**que**, admirez ces deux énormes vases étrus**que**s fabriqués dans l'antiquité! — L'Océan Atlanti**que** sépare l'Europe et l'Afri**que** de l'Améri**que**.

35ᵉ Thème. L'épo**que**,	les é—.
Un cloa**que**,	des c—.
Un cas**que**,	dix-neuf c—.
La fres**que**,	vingt f—.

Comme vous le voyez dans cosaque, grotesque, *etc. :*
On emploie le plus souvent q u e à la fin des mots pour peindre l'articulation *k*.

36ᵉ Dictée. — Dans une ferme en Belgi**que**, un uni**que** cosa**que** a jadis volé dix ou douze moutons, cinq chèvres, et trois petites bi**que**s. — On place sur les catafal**que**s des baldaquins superbes.

_____

34ᵉ LEÇON. — **C. DUR.**

RÉCAPITULATION GÉNÉRALE.

38ᵉ Copie. — **1°** Ouvrez ce coco, cette coque

ovale que voilà, vous y trouverez une amande
creuse et un liquide blanchâtre. — Clorinde,
avez-vous quelque chose pour moi? Mon ami,
voici une brioche, des macarons, des compotes
de crassane, puis du sucre et du cacao. =
2° Quelqu'un m'a assuré que le quinquina est
l'écorce d'un arbre du Pérou. — Fiacre, cultivez-
vous les concombres, les coloquintes? — Si jamais
vous étiez piqué par un cousin, lavez la place
avec de l'alcali.

37ᵉ **Dictée.** — 1° Étudiez la langue franque,
puisque vous voyagerez sur les côtes de l'Afrique.
— Si vous continuez votre route dans l'obscurité, vous tomberez dans quelque trou; prenez-y
garde. — Le quinquina est une écorce amère
et fébrifuge. = 2°. Il n'y a presque que trois
siècles et demi que l'Amérique a été découverte. — Angélique, savez-vous qu'avec l'écorce
du coco on calfate les navires et l'on fabrique des
cordages?

38ᵉ **Dictée.** — 1° Dominique, c'est dans l'Amérique qu'on cultive le cacao. — Qu'il est admirable le quinconce des Invalides! — Vous ne
demanderez jamais à quelqu'un son âge, vous ne
ferez pas de questions indiscrètes, Clara. = 2° Le
quinquina nous procure la quinine. — La cam-
brure de ces pantoufles est trop considérable. —
Caroline, fuyez Victoire, elle a un caractère dé-

testable; elle est taquine, brusque et colère :
mais imitez son activité et sa franchise.

35e LEÇON. — D.

§ Ier. *ou :* **D**omingo *dévora mon* **d**in**d**on, *et...*

*Mes petits amis, vous connaissez bien les sub-
stantifs maintenant, vous les distinguez facilement
des autres mots ; hé bien, attention !*

**Les mots qu'on ajoute aux substantifs
pour indiquer la QUALITÉ des personnes,
des animaux, ou des choses, on les appelle mots ADJECTIFS.**

Désormais les thèmes (comme les copies et les dictées) renfer-
meront toujours des *adjectifs.*

39e Copie.

Dans toutes les copies qui vont suivre, et jusqu'à la 50e, on fera
mettre un *a* sous les adjectifs ; nous ne reviendrons point sur cet
avis.

Après le **D**éluge, qui a tout bouleversé, notre
globe a été dans un désordre épouvantable, dans
la plus complète des confusions. — **D**ans vos
prières, demandez toujours à **D**ieu le **d**on de la
piété.

Écoutez bien ! Lorsque le substantif sera
singulier, son adjectif sera au singulier.

Lorsque le substantif sera pluriel, **son
adjectif devra s'écrire au pluriel (or presque toujours avec S à la fin).**

Écrivez donc :

36ᵉ Thème et 37ᵉ.

1. Un **d**omino bleu (*adj.*),   des **d**—bleus.
Un **d**onjon **d**élabré (*adj.*), dix-neuf **d**—**d**—.
Un **d**iable incarné (*adj.*); vingt **d**—in—.

2. Le **d**isque **d**écoloré (*adj.*), les **d**—**d**—.
Un ca**d**re **d**oré,   onze c—**d**—.
Une cor**d**elière blanche,   douze c—b—.

Comme vous le voyez dans Domingo, dindon, *etc.* :
On emploie presque toujours un d pour peindre l'articulation d
au commencement et au milieu des mots.

39ᵉ Dictée. — Adore Dieu, ton père céleste.
— Un déluge ne détruira plus notre globe, Dieu
l'a déclaré à Noé, ma Céleste. — Un diacre a
ondoyé la petite Léopoldine.— Écoutez, la foudre
a grondé; elle éclate, elle tombe!...

§ II, *ou* : ... *et Armande a dévoré ma dinde.*

40ᵉ Copie. — La (1) lune est ronde comme
une boule. — Il y a peu de remèdes contre le venin des crotales (ou serpents à sonnettes). — La
France a obéi (1) longtemps aux sévères et sages
druides.

38ᵉ Thème. Un mala**d**e désespéré, quatorze m—d—.
Le cou**d**e pointu,   les c—p—.
L'aman**d**e amère,   quinze a—a—.

Comme vous le voyez dans Armande, dinde, *etc.* :
On emploie presque toujours d e à la fin des mots pour peindre
l'articulation d.

---

(1) On pourra faire mettre un *a* sous les déterminatifs *le, un,
ces,* etc.; — et sous les participes, ou adjectifs formés de verbes :
comme *obéi, demandé, parlant,* etc.

40e **Dictée.** — Clorinde, on trouve une multitude de chênes et de bruyères dans les landes en France. — Il y a dans le midi de la France des landes presque stériles, et des cavernes profondes. — Le bon Dieu punira toujours les petites gourmandes.

36e LEÇON. — F.

§ Ier, *ou : L'orfévre Éloi a été ministre en*

France.

41e **Copie.** — Mes frères, mangerez-vous de la délicieuse frangipane que Francine acheta? — **F**irmin a la fève, il est le roi de la fête. — Le volcan lance avec du soufre des matières sulfureuses.

39e Th. L'esclave infidèle (1),   les e—in—
      Un fidèle (1) musulman, dix-neuf f—m—
      Un refus obstiné,   des r—o—

Comme vous le voyez dans orfévre, France, *etc. :*
On emploie le plus souvent un f pour peindre l'articulation *f* au commencement et au milieu des mots.

41e **Dictée.** — On fabrique en France des glaces superbes. — Ma chère **F**rédérique, voulez-vous des nèfles, ou des confitures de framboises? — Ah! voyez, Firmine, ce rayon de lumière qui se reflète dans l'Océan! Que cela est joli!

(1) L'adjectif se place quelquefois après son substantif, et quelquefois avant.

§ II, *ou : Soyez vif, Martin, devenez actif.*

42ᵉ Copie. — Si vous lisez trop à la clarté de la lampe, vous vous fatiguerez le nerf optique. — Le Juif (la nation) indocile a cependant été chéri de Dieu. — Lorsque la racine de cet arbuste trouvera le tuf, l'arbuste périra.

40ᵉ Thème. Un domestique vif, vingt et un d—v—
Une large nef, sept l—n—
Un if ébranché, vingt et un i—é—

Comme vous le voyez dans vif, nef, *etc. :*
Le plus souvent l'articulation *f* se peint à la fin des mots par un **f** sans *e* muet.

42ᵉ Dictée. — Notre église de Notre-Dame a cinq larges nefs. — Devenez actif, Francisque, l'activité est la première richesse. — Qui a tondu ces ifs en pointe? je les préfère en boule. — Écoutez, le cerf brame!

37ᵉ LEÇON.

G DUR (ou *prononcé* **GUE**) **AVANT LES VOYELLES**
a, o, u, *ou :*

= **Ga**ston, *la gor***go**ne *Méduse épouvanta* **Gu**stave.

43ᵉ Copie. — 1° La **ga**rance est une plante tinctoriale. — Frédé**go**nde a **go**uverné la France; le saviez-vous, **Gu**stave? — Une infatigable **go**ndolière a promené mon frère **Go**defroi et mes trois neveux dans les la**gu**nes de Venise. = 2° **Gu**stavine a un énorme goître. — La fève est un légume fort utile. — Regardez le fa**go**-

tin de Radegonde, il vous régalera de ses risibles gambades. — Voyez ce pingouin, il ne vole pas!

41e Thème, 42e, 43e.

1. Une **ga**ze légère,   des **g**—l—.
Un **ga**z (1) délétère,   des **g**—d—.
Un **gar**garisme utile;   des **g**—'u—.

2. Une **go**yave mûre,   vingt et une **g**—m—.
Une **go**ndole verte,   vingt-deux **g**—v—.
Une **go**uache délicieuse;   sept **g**—d—.

3. Un pon**go** gigantesque,   vingt-deux p—g—.
Un malin sa**go**uin (singe),   vingt-trois m—s—.
Une la**gu**ne malpropre,   des l—m—.

Comme vous le voyez dans Gaston, gorgone, Gustave, *etc.:*
Avant *a, o, u,* c'est toujours un *g* qu'on emploie pour peindre l'articulation *gue.*

43e Dictée. — 1° La gourmandise de mon pongo est ruineuse; il m'a dévoré, le goulu! quinze ou seize goyaves, et tous mes bons légumes : c'est un véritable Gargantua. — L'agouti est une sorte de lapin d'Amérique. == 2° Voyez les rives délicieuses du Gange dans cette charmante gouache! — Domingo, ne gâtez pas Gaston! — Par le langage de ce navire, votre route sera fatigante, Diégo.

38e LEÇON.

G DUR (ou *prononcé* **GUE**) **AVANT UNE CONSONNE**,
ou : *Portez cette glace au drogman,* **Grégoire.**

44e Copie. — 1° Ne vous regardez pas dans

---

(1) *Remarque.* — Le mot qui finit par un z lorsqu'il ne désigne qu'un seul être ou une seule chose s'écrit de la même manière lorsqu'il en désigne plusieurs.

la glace. — Cunégonde glana, c'est-à-dire ramassa tous les épis tombés et oubliés en ces lieux après la moisson. — Aglaé, piquez mes épingles sur cette pelote, puis devinez une énigme. = 2° Grégoire a confié à des esclaves nègres tous les soins de l'agriculture dans ses grandes propriétés de l'Amérique-Méridionale. — Ne croyez pas les contes d'ogres, de gnomes, de vampires, Glossinde! Contes d'ogres, contes bleus !

44ᵉ Thème et 45ᵉ.

1. Un **gl**obule invisible,   vingt-trois g—in—.
Une superbe **gr**avure,   vingt-quatre s—g—.
Un sale **gr**oin ;   de s—g—

2. Une é**gl**antine odorante,   vingt-quatre é—o—.
Un **gn**ome fidèle,   vingt-quatre g—f—.
L'a**gr**afe noire ;   vingt-cinq a—n—

Ainsi que vous le voyez dans glace, drogman, Grégoire, *etc. :*
On emploie un g pour peindre l'articulation *gue* (*ǵ* prononcé dur) avant une consonne.

44ᵉ **Dictée.** — 1° On fabrique des épingles d'une manière très-économique et très-rapide. — Le chagrin altère la santé. — Dans l'Afrique, on converse avec les Arabes, les Berbères, par des interprètes ou drogmans. = 2° La grange est le lieu où l'on garde le blé après qu'il a été coupé. — Dégrafez ma robe, Célina. — Ah ! deux coucous près de votre glu! — La gourmandise dégrade.

39ᵉ LEÇON.

G DUR (ou *prononcé* **GUE**) **AVANT UN** e **OU UN** i.

§ Iᵉʳ, *ou : Marguerite a une robe de* guin*gan.*

45ᵉ Copie. — 1° Qu'elle est importune cette **gu**ê**pe**! — Dieu a opéré nombre de **gu**é**risons** miraculeuses. — Gaston, chacun des Parsis ou **Gu**è**bres** adore le feu. — En plusieurs lieux, Marguerite a passé à **gu**é les petites rivières : la Bièvre, l'Orge, etc. = **2°** La religieuse porte **gu**impe et voile. — **Gu**yon a joué de la **gu**im- barde. — Avez-vous vu la charmante **gu**irlande de roses et de marguerites blanches de Clara? — Le Druide vénéra le **gu**i de chêne.

46ᵉ Thème et 47ᵉ

1. Une **gu**é**rite** verte,	vingt-quatre **g**—v—.
Un **gu**è**bre** sévère,	vingt-cinq **g**—s—.
Une **gu**ê**tre** étroite,	vingt-cinq **g**—é—.
2. La solide **gu**i**pure**,	les s—**g**—.
Une **gu**i**mpe** juste,	vingt-six **g**—j—.
Un **gu**i**don** rouge,	vingt-sept **g** —r—.

Comme vous le voyez dans Marguerite, guingan, *etc.* :
On emploie presque toujours g u au commencement et au milieu des mots pour peindre l'articulation *gue* placée avant un *e* ou un *i.*

45ᵉ Dictée. — 1° Lacez les petites **gu**ê**tres** noires de Gaston. — Une grande caravane de **Gu**è**bres** a voyagé sans **gu**ide dans des bruyères, ou des sables arides. — Que de **gu**ê**pes** impor- tunes dans ces lieux! chassez-les, Marguerite. = **2° Gu**i, savez-vous que Gustave **Gu**yon s'est déguisé en arlequin? — Le **gu**i est une plante parasite qui pousse sur les chênes et sur d'autres arbres. — La **gue**non est une espèce particulière entre les singes d'Afrique.

---

§ II, *ou : Voilà un sarigue sans langue.*

46ᵉ Copie. — Le nègre creuse un arbre, se fabrique lui-même une piro**gue**, et, dans ce frêle esquif, il navi**gue** avec calme et sécurité sur le vaste Océan. — L'énorme bouledo**gue** de Diè**gue** a mordu les jambes de deux petites voleuses de figues.

48ᵉ Th. Une al**gue** marine,   vingt-six a—m—.
   Une fi**gue** mûre,   vingt-sept f—m—.
   Une églo**gue** pastorale, vingt-huit é—p—.

Comme vous le voyez dans sarigue, langue, *etc. :*
Le plus souvent on écrit par **gue** l'articulation *gue* placée à la fin des mots.

46ᵉ Dictée. — Le sari**gue** prospère dans l'Amérique Méridionale, et surtout au Pérou. — Le quinquina formera la base de la dro**gue** ou remède qui vous guérira, Marguerite. — Le Belge fera des **digues** avec des algues marines et du sable.

40ᵉ LEÇON. — G **DUR.**

RÉCAPITULATION GÉNÉRALE.

47ᵉ Copie.— 1° La garance est une racine d'une grande utilité. — Admirez avec moi ces deux guirlandes de gracieuses églantines et de charmantes marguerites. — Marguerite porte de lon-

gues guêtres grises. = **2°** Cunégonde, la Bièvre
est-elle guéable près de la manufacture des Gobelins? — Le gui ne procure-t-il pas de la glu?
— A qui ces deux grandes glaces octogones? —
Don Diègue, croyez-vous aux gnomes?

47° Dictée. — **1°** Gargantua, le goulu Gargantua, a dévoré comme un glouton quatre cloyères
d'huîtres (*indiquer l'orthographe de :* huîtres),
cinq moutons, six lièvres, sept langoustes, huit
pâtés, dix grenades, onze figues, douze compotes de poires ; = **2°** il a encore dévoré treize gros
concombres, quatorze merlans, quinze goyaves,
seize nèfles, dix-sept pêches, dix-huit prunes,
cent dix-neuf framboises, vingt oranges, oh! l'ogre!
Aussi sa gourmandise est proverbiale !...

48° Dictée. — **1°** Le Patagon a une gigantes-
que stature. — Otez cette guipure de ma guimpe,
et posez-la à mon fichu d'organdi. — Aldegonde
et Marguerite, n'ayez ni gloriole, ni vanité, ni
morgue ; tout cela est désagréable au monde, et
surtout à Dieu. = **2°** Ogres, gnomes, tous êtres
fantastiques ! un ogre n'est donc pas redoutable ;
mais un doguin, un dogue, un bouledogue surtout, voilà une dangereuse bête. — Dans la vertu
éside la véritable gloire, Margarita.

41e LEÇON. — J AU COMMENCEMENT DES MOTS, AVANT a, o, u, eu, ou :

= *Julia, cherchez Jeudi des joubarbes dans mon jardin.*

48e Copie. — **1°** Le joli jupon bleu d'Ambroisine est garni de trois ganses blanches. — Juan, formez un délié fin avant le jambage de votre *i*. — Le roi d'Espagne a convoqué Jeudi la junte de Léon et la junte d'Aragon. = **2°** Ce volatile passera bien notre rivière à gué, Dieu l'a créé avec des jambes minces et longues. — Dans son voyage à Rome, Juste traversa le Jura. — Regardez ces jolis vases du Japon.

49e Thème et 50e.

1. Une longue javeline,   vingt-sept l—j—.
Un jeûne prolongé,   des j—p—.
Le jeu gracieux (1);   les j—g—.

2. Une bande joyeuse,   vingt-huit b—j—.
Un juge intègre,   vingt-huit j—in—.
Un riche juif;   vingt-neuf r—j—.

Comme vous le voyez dans Julia, Jeudi, joubarbe, *etc.* :
Avant *a, o, u, eu,* on emploie presque toujours j au commencement des mots pour peindre l'articulation *j*.

49e Dictée. — **1°** Dieu écoute la prière du juste. — En Grèce, on adora Junon. — Julia, jouez-nous vos mélodieuses sonates. — Don Juan, admirez ces quatre jolis jasmins et mes superbes joubarbes. = **2°** Dieu a placé dans un joli jardin Ève avec son mari lorsqu'il les a créés.

---

(1) Voyez la REMARQUE placée en note, page 45.

— Que de jantes et de moyeux on a brisés **Jeu**di !

— Le **ja**spe est opaque, et de la nature de l'agate; il y a du **ja**spe sanguin, du **ja**spe purpurin, etc.

—————

42ᵉ LEÇON. — J AU MILIEU DES MOTS, AVANT a, o, u, *ou* :

= *Par ga**ge**ure, Remi man**ge**a trois pi**ge**ons.*

49ᵉ Copie. — 1° Arsène a une grosse fièvre, il a souvent éternué ; la rou**ge**ole se déclarera sans doute. — La carpe a de fortes et larges na**ge**oires. — C'est une véritable ga**ge**ure, Justin ; on déran**ge**a encore de leur place mes deux petites lampes. = 2° Que préférez-vous, Zoé, de l'oran**ge**ade ou de la limonade ? — Remarquez les ver**ge**ures de cette carte, puis regardez ce vélin ; vous le voyez, le vélin n'a pas de ver**ge**ures. — Qui for**ge**a cette petite ancre de navire ? — Oh ! les jolis pi**ge**ons privés !

51ᵉ Thème et 52ᵉ.

1. Un nuage rou**ge**âtre,	des n—r—.
Une longue na**ge**oire,	vingt-huit l—n—.
Un joli pi**ge**on ;	vingt-neuf j—p—.
2. Un énorme estur**ge**on,	trente é—es—.
La ridicule ga**ge**ure,	les r—g—.
Une man**ge**ure (de vers).	trente m—.

Comme vous le voyez dans ga**ge**ure, man**ge**a, pi**ge**on, *etc. :* Au milieu et à la fin des mots, on met presque toujours **ge** avant *a, o, u,* pour peindre l'articulation *j.*

50e Dictée. — 1º La peste ravagea la France et toute l'Europe dans le quatorzième siècle. — Dans les plantes, le bourgeon pousse sur la branche, et la prolonge; le surgeon pousse sur la tige; et le drageon pousse à la racine de l'arbre ou de l'arbuste : le drageon a la faculté de reproduire la plante. = **2º** Admirez les jolis nuages rougeâtres dans ce paysage. — Ah! que de mangeures de vers dans mon châle! — Julia, ce pigeon a deux ans, il ne sera pas mangeable. — Ce badigeon est rougeâtre.

43e LEÇON.— J OU GE 1re RÉCAPITULATION.

Dans la 50e copie, la 52e, la 54e, la 56e, la 58e et la 60e, mettre un *s* sous chaque substantif.

50e Copie. — 1º Où est la javeline de Juste? qui la changea de place, qui la dérangea? — Julia, en Juin, on ne trouve plus de bourgeons aux arbres dans les jardins. — En cinq minutes, ce plongeon plongea trois fois dans l'Océan. = **2º** Un joli pigeon voltigea dans ces lieux avec deux gracieuses colombes. — Jeudi, vous couperez tous les drageons que vous voyez à la base de ce jeune érable, il en est fatigué.

51e Dictée. — 1º Dieu est notre juge suprême. — Que d'esturgeons dans notre rivière! — Si mon jeune frère a la rougeole, lui ferez-vous boire de l'orangeade, ma mère? — Le jupon de la liégeoise est criblé de mangeures (de vers). = **2°** La nageoire qui termine le cétacé est plate, elle rase la surface de l'Océan ; la nageoire qui termine le poisson est verticale, elle coupe les ondes.— Juan, plantez ce drageon dans le coin de votre jardin, un arbre y poussera.

52ᵉ Dictée. — **1°** Voyez ce lièvre qui joute : dans sa présomptueuse confiance, il broute, il se repose, il s'amuse ; il montre de la jactance ; Léon jure qu'il perdra la gageure. — Le joli badigeon ! — Ce chemin est jonché de roses et de jasmin. = **2°** Maman purgea Justine avec de l'antimoine. — Est-ce l'âne de votre jeune jardinière qui mangea l'avoine de ma mangeoire ? — Placez ces joubarbes rougeâtres dans la · jardinière rustique de Martin.

44ᵉ LEÇON. — J par G avant e, i.

Dans la 51ᵉ copie, la 53ᵉ, la 55ᵉ, la 57ᵉ et la 59ᵉ, mettre un *a* sous chaque adjectif.

§ Iᵉʳ, *ou : Lavez le genou de la girafe légère.*

51ᵉ Copie. — **1°** Angélique, liez avec **Gédéon** tous ces épis en **gerbes**. — **Régina** la strasbourgeoise est une véritable **géante**. — Le palefroi de l'élégante **Gisèle** regimba contre l'éperon lorsqu'elle changea de route. = **2°** Angèle, avez-vous vu au Jardin-des-Plantes l'énorme **girafe** aux longues jambes, au cou grêle et **gigantes-**

que, à la figure douce, mais originale? elle a voyagé sur l'Océan depuis l'Afrique.

53e Th. Un **ge**rme productif.   trente **g**—p—.
La **gé**missante colombe, les **g**—c—.
Une élégante **gi**randole, trente et une é—**g**—.
Un re**gi**stre,   trente et un r—.

Comme vous le voyez dans girafe légère, *etc. :*
Avant un *e* et un *i* on emploie le plus souvent un *g* pour peindre l'articulation *j* au commencement et au milieu des mots.

53e Dictée. — **1°** Dieu a révélé dans la **Ge**nèse la vérité sur l'origine du monde. — Lorsque le lion ru**gi**ra, An**gé**line fuira. — Usez de ce cosmétique, il ré**gé**nère les cheveux. = **2°** Ger trude a porté la **gi**bccière de son oncle **Gé**ronimo. — Évitez tous les **ge**stes ridicules, ma petite **Gi**sèle ; soyez toujours simple. — Me mènerez-vous au **Gé**orama, mon père?

§ II, *ou : Votre singe dévorera mon orange.*

52e Copie. — Si Soulan**ge** est bien sa**ge**, on lui montrera des images charmantes : des sin**ge**s, des lions, des pigeons bruns, de blanches colombes, des rou**ge**s-gor**ge**s, etc. ; et de jolis paysa**ge**s avec des pâturages.

54e Th. L'an**ge** déchu,   trente-deux an—d—.
Une fran**ge** rou**ge**,   les f—r—.
Un admirable prodi**ge**,   deux a—p—.

Comme vous le voyez dans Soulange, singe, *etc. :*
On emploie **ge** à la fin des mots pour peindre l'articulation *j*.

54e Dictée. — Un ange du bon Dieu vous garde et vous protége, ma chère petite Ange. — La mésange a un plumage agréable et varié. — Cette chambre n'est pas logeable, c'est un véritable bouge. — Venise a obéi plusieurs siècles à des doges.

————

45e LEÇON.— J OU GE.— 2e RÉCAPITULATION.

53e Copie. — **1°** Lé pigeon roucoulera, la colombe gémira dans la volière qui orne le jardin de Julia. — Cette céréale est de l'orge; voyez, Juste, les barbes longues et dures de ses épis! = **2°** Gédéon a gouverné les Juifs, il a été leur juge. — Justin, goûtez ces oranges rouges ou plutôt rougeâtres, et jugez de leur origine. — Ma Régina, vous formez mal tous les jambages de vos *m* et de vos *n*.

55e Dictée. — **1°** Ah! que de jolis pigeons sur cette cabane! voyez, Gisèle, ce pigeon nuancé à gorge changeante, comme il voltige! — Maman sera bien joyeuse, son Angèle a épelé quatre pages ce matin. = **2°** Justin mangea du genièvre. — A qui cette jupe de serge rougeâtre? A la jeune Gertrude, la jardinière de maman. — Avez-vous vu la joute, Angélique? Oui, Justine, avec maman et Soulange.

56° Dictée. — **1°** Oh! voyez donc, Julia, tous ces pampres! combien cela orne le paysage! — Pendant toute l'éternité le juste chantera les louanges du Dieu qui l'a créé. = **2°** Geneviève, étudiez *le Crocodile et l'Esturgeon* dans votre joli livre de fables de Florian. — Angélina nous a joué une gigue. — La jonque est une sorte de navire fort en usage dans les Indes et en Chine.

=============

46ᵉ LEÇON.

Afin de faire mieux saisir la différence qui existe dans la prononciation et l'emploi entre ces deux consonnes, nous allons présenter :

G ET J OPPOSÉS, ou :

= Cultive-t-on la garance dans ce jardin?

54ᵉ Copie. — **1°** Est-ce votre garde qui coupa les bourgeons des catalpas dans mon **jar**din? — C'est la **g**antière qui a dérangé votre **j**ante. — Avec vos ridicules **g**ambades, **G**aston, vous vous casserez une **j**ambe. = **2°** **Gu**stave fera la **g**ouache du joli **j**ubé de notre église. — Cunégonde a **gu**éri son **g**oître; elle est bien **j**oyeuse, et chacun se ré**j**ouira avec elle; mais le médecin **j**uge **Gu**dule incurable.

57ᵉ Dictée. — **J**avelez bien vos blés et vos avoines dans ces lieux; ou vous les **g**âterez, **G**ustave, et votre père vous grondera. — Si vous **g**agez que cette viande est du **j**ambon, vous perdrez votre **g**ageure, et cela ne vous ré**j**ouira pas.— Le goulu **J**osé a dévoré nos **g**oyaves, il a fui; avec **G**aston et **J**ustin tâchez de le re**j**oindre.

47ᵉ LEÇON. — CH,

§ Iᵉʳ, *ou* : **Ch**antez *une* **ch**anson, *Micheline.*

55ᵉ Copie. — Il y a en **Ch**ine de sages mandarins. — Si vous devenez riche, soyez détaché de vos richesses, soyez charitable. — Maman m'achètera un manchon de martre du Canada.

55ᵉ Thème.

Une **ch**ambre logeable,	trente-deux **ch**—l—.
Une é**ch**arpe noire,	trente-trois é—n—.
Une douloureuse é**ch**arde,	trente-quatre d—é—.

Comme vous le voyez dans **ch**anson, Micheline, *etc.* :
Au commencement et au milieu des mots, on emploie le plus souvent **ch** pour peindre l'articulation *ch.*

58ᵉ Dictée. — Qu'un ami véritable est une douce chose! — Richilde a la rougeole, cherchez-lui une garde. — La charité est la première de toutes les vertus; vous serez toujours charitable, n'est-ce pas Angélique?

§ II, *ou* : *Amenez-moi cette biche blanche.*

56ᵉ Copie. — Par l'ordre de Dieu, Noé a bâti une grande arche, et il n'a pas péri dans le Déluge. — Comparez la vache blanche d'Eustache avec les vaches brunes et les vaches noires de Fanchon.

56ᵉ Thème.

Une lourde clo**ch**e,	trente-cinq l—c—.
Une énorme ru**ch**e,	trente-six é—r—.
Une man**ch**e blan**ch**e,	trente-sept m—b—.

3

Comme vous le voyez dans biche, blanche, *etc.* :
On emploie presque toujours che à la fin des mots pour peindre l'articulation *ch*.

59ᵉ Dictée. — Voyez donc Moustache, comme sa moustache est blanche ! il l'a mise dans la crème, sans doute. — Jolis colibris, vous voltigiez de branche en branche, à la Louisiane, vous vous perchiez sur des lianes fraîches, et légères.

48ᵉ LEÇON. — L,

§ Iᵉʳ, *ou : Ah ! Clorinde, le joli moucheron bleu !*

57ᵉ Copie. — Le lama est une bête ruminante du Pérou et du Chili. — Que Dieu protége la récolte ! — Le lion est une des plus redoutables bêtes. — Votre salon est bien joli, Clotilde, à la clarté des lampes et des lustres !

57ᵉ Th. Une grasse langouste,   trente-sept g—l—.
       Un joli baldaquin,   trente-huit j—b—.
       Un jeune plongeon,   trente-neuf j—p—.

Comme vous le voyez dans Clorinde, le, joli, bleu, *etc.* :
On emploie le plus souvent un l pour peindre l'articulation *l* a commencement et au milieu des mots.

60ᵉ Dictée. — L'oisiveté est la mère de tous les vices. — Mon oncle, qui dirige la culture de grandes propriétés, a changé des landes incultes en délicieux pâturages.

§ II, *ou : La Bible est un livre admirable* (1) !

58ᵉ Copie. — Napoléon Iᵉʳ est né dans l'île

---

(1) On trouvera dans la 76ᵉ leçon, la 77ᵉ, etc., les suppléments à cette 48ᵉ leçon.

de Corse au dix-huitième siècle. — Otez vos
besicles, mon oncle, et prenez votre binocle,
cela est plus simple. — Elle est admirable, la mo-
rale de l'Évangile ?

58e Thème.

Un miracle visible,	des m—v—.
Un obstacle invincible,	quarante o—in—.
Un esclave fidèle,	quarante et un e—f—.

Comme vous le voyez dans Bible, admirable, *etc.* :
On emploie presque toujours le à la fin des mots pour peindre
l'articulation *l*.

61e Dictée. — Cette petite rivière est guéable
en dix ou douze lieux, mais elle n'est pas navigable.
— Lucile a payé ce pigeon le double, le triple
de ce qu'il coûte à la marchande. — Avez-vous vu
des étoiles filantes ?

49e LEÇON. — M,

§ Ier *ou : La marmelade de Maria est-elle
mangeable ?*

59e Copie. — La gourmande Mimi imita
Gargantua Dimanche ; elle mangea du macaroni,
puis toute la marmelade cuite pour Marguerite,
et quatre meringues ; aussi sa maman la gronda
beaucoup.

59e Thème.

Une mûre mangeable,	quarante-deux m—m—.
Un moyeu brisé,	cinquante m—b.
Une longue mangeoire,	cinquante et une l—m.

Comme vous le voyez dans marmelade, Maria, *etc.* :
On emploie le plus souvent un m pour peindre l'articulation *m*
an commencement et au milieu des mots.

62ᵉ Dictée. — Avec son **m**icroscope, la **ma**-**m**an d'Armande nous a **m**ontré, dans des liqui-des, des **m**ultitudes de bêtes ou d'ani**m**alcules invisibles sans le **m**icroscope : voilà des choses presque **m**iraculeuses.

—————

§ II, *ou* : *Notre globe lui-mê**m**e n'est qu'un ato**m**e devant Dieu.*

60ᵉ Copie. — Le mécanis**m**e dés montres est admirable, Zuli**m**e. — La lance, la pîque, la la**m**e du sabre, toute ar**m**e blanche enfin est dangereuse. — L'â**m**e pure goûte un **c**alme bien désirable.

60ᵉ Th.   Un énor**m**e bassin,   six é—b—.
            Une longue ra**m**e,   soixante l—r—.
            Une mê**m**e ar**m**e,   soixante-neuf m—a—.

Comme vous le voyez dans mê**m**e, atome, *etc. :*
On emploie presque toujours **m**e pour peindre l'articulation *m* à la fin des mots.

63ᵉ Dictée. — Ansel**m**e, la grêle a cassé Di-**m**anche tous les bourgeons de nos jolis lilas, et mê**m**e ceux des char**m**es et des or**m**es. — Oné-si**m**e, on trouve encore des bra**m**es dans l'Inde.

—————

50ᵉ LEÇON.

Depuis longtemps vous reconnaissez parfaitement quels mots sont des substantifs; — *vous savez également distinguer les* adjectifs, *ces mots qui sont ajoutés au substantif pour indiquer la qualité; — mais il y a une autre sorte de mots que vous ne connaissez pas encore, et qu'on appelle* verbes.

Écoutez bien, chers enfants ! on peut dire :

Le VERBE est un mot qu'on peut presque toujours joindre aux mots : JE, TU, IL ; NOUS, VOUS *ou* ILS.

Ou bien, on peut dire encore :

Le VERBE est un mot qui est joint aux substantifs pour indiquer l'ACTION que les personnes ou les choses font.

Ainsi dans : Marie *courra*, on voit que le mot *courra* est un verbe, parce qu'on peut dire : il *courra*; — ou je *courrai*, tu *courras*, il *courra*; nous *courrons*, vous *courrez*, ils *courront* : — et ensuite parce que ce mot *courra* indique *l'action* que fera Marie.

EXERCICE. Faire à l'enfant des explications analogues pour : Charles *écrit*, Louise *dansa*, la rivière *coulait*, Paul *parlerait*, le hanneton *vole*, Fidèle *aboyait*, Marie *tombe*, Armand *brisa* un verre, nous *jouons*, vous *pleurez*, etc., etc.

On doit commencer dès à présent à faire conjuguer des verbes ; mais il faut faire entreprendre et suivre graduellement cette nouvelle étude : on trouvera l'indication de la marche graduelle à suivre, et des modèles gradués de verbes dans : *Éléments de Grammaire pratique*, par Madame CHARRIER, pages 28, 29, etc.

51ᵉ LEÇON. — N,

§ Iᵉʳ, ou **N**oé n'a pas été à **N**inive.

Depuis cette 61ᵉ copie jusqu'à la 72ᵉ, mettre un *v* sous chaque verbe.

61ᵉ Copie. — Il y a de nombreuses variétés de guenons. — La guenon mône, plus petite que le babouin et très-douce, est native de l'Afrique. — Admirez, **Nanine**, les longues **nageoires** des poissons rouges d'Anica.

61e **Th.** Une courte **nageoire,**   soixante-treize c—**n**—.
        Un indocile o**n**agre,   quatre-vingts in—o—.
        La joyeuse réu**n**ion,   les j—r—.

Ainsi que vous le voyez dans N**o**é, Ni**n**ive, *etc. :*
Le plus souvent on emploie un **n** pour peindre l'articulation **n** au commencement et au milieu des mots.

64e **Dictée.** — Un **n**ombre est la réu**n**ion de plusieurs fois une même chose ; ainsi lorsqu'on pro**n**once : Trois **n**èfles, par le **n**ombre trois on indique la réu**n**ion de trois fois une **n**èfle. — **N**i**n**ive a été détruite par un roi barbare.

§ II, *ou : Léontine, montrez-nous une urne.*

62e **Copie.** — Ambroisi**ne**, voyez l'ombre des ormes élevés, des frê**ne**s énormes, des chê**ne**s gigantesques, qui se dessine sur la grande route à la pâle clarté de la lu**ne**! — La zo**ne** brûlante est au milieu du globe.

62e **Thème.**

Un vieux (1) chê**ne,**   quatre-vingts v—ch—.
Un gros (1) frê**ne,**   quatre vingt-un g—fr—.
U**ne** pru**ne** mûre,   quatre-vingt-dix-neuf p—m—.

Comme vous le voyez dans Léonti**ne**, ur**ne**, *etc. :*
On emploie presque toujours **ne** à la fin des mots pour peindre l'articulation **n**.

65e **Dictée.** — L'â**ne** qu'Ali**ne** nous a amené s'est obstiné, a regimbé, s'est roulé près des

---

(1) Voyez les Remarques placées en notes pages 45 et 53.

ruines ; qu'il est têtu !... — La sardine a de petites nageoires : est-ce à Royan que Martine pêcha ces sardines ?

52ᵉ LEÇON.

Comme beaucoup d'enfants confondent assez longtemps ces deux consonnes, nous allons présenter ici :

M ET N OPPOSÉS, *ou* :

= Noémi *sema ces* anémones.

63ᵉ **Copie**. — 1° Numa gouverna Rome bien avant notre ère. — Mimi, venez à la promenade. — Nina a taché ma robe de moire noire. — La musulmane se voile la face. — Notre globe tourne sur lui-même. — Jouez aux dominos avec Nanine. = 2° Voyez la vache noire de Manon : elle rumine. — Marino observa dans ses voyages des comètes lumineuses, puis toutes les planètes. — La lumière de la lune charme toujours Némorin. — La lune n'a aucune lumière par elle-même.

66ᵉ **Dictée**. — 1° L'Amérique possède les plus riches mines (d'argent). — Que le cri du coucou est monotone, Dominique ! — Noémi, avez-vous admiré la course numide de trois agiles écuyères chez Franconi ? — Oh ! que voilà une admirable miniature ! = 2° Le monarque, sévère mais équitable, a menacé les révoltés, il les a punis même ; cependant il a amnistié les moins coupables. — **M**onique ramène ses moutons à l'étable, car la grêle **m**enace de fondre sur eux dans quelques **m**inutes.

─────────

53ᵉ LEÇON. — **P**,

§ Iᵉʳ, *ou : Ah ! papa, que le lapin est* **p***oltron !*

64ᵉ Copie. — Dans l'Inde, on répute infâme toute la caste des **p**arias, tous les **p**arias. — Voyez que de surgeons au superbe **p**latane qui orne la **p**lace **p**ublique ! — Lamartine est un **p**oëte sublime **p**arfois.

63ᵉ Th. A l'éclipse totale,   aux (**1**) é−t—.
A la **p**antoufle turque,   aux (**1**) **p**—t—.
Au **p**rêtre respectable,   aux **p**—r—.

Comme vous voyez par **papa**, **lapin**, *etc.* :
On emploie le plus souvent un **p** pour peindre l'articulation *p* au commencement et au milieu des mots.

67ᵉ Dictée. — Manon, vous ferez une ample **p**rovision de ces **p**ampres rougeâtres, et vous les **p**orterez aux vaches. — Que le **P**oussin a bien observé la **p**erspective dans ce **p**aysage ! — Le **p**otiron est une espèce de courge.

─────────

§ II, *ou : Cette troupe se trom***p***e de chemin.*

65ᵉ Copie. — Le roi-**p**oëte **p**salmodia les cantiques divins devant une trou**p**e considérable d'Israélites, et déploya une **p**ompe royale. — La mou-

───────────────

(**1**) **Nota**. Le pluriel de *à la*,—*à l'*,—*au*, s'écrit par **AUX**.

che use de sa petite trompe comme d'une bouche.

64ᵉ Thème.

Une pom**pe** aspirante,	cent p—a—.
Une ju**pe** blanche,	deux cents j—b—.
A l'échar**pe** ondoyante,	aux é—on—.

Ainsi que vous le voyez dans troupe, trompe, *etc* :
Presque toujours on emploie pe à la fin des mots pour peindre l'articulation **p**.

68ᵉ Dictée. — Le pape réside à Rome. — Voulez-vous un potage à la semoule, ou de la sou**pe** au potiron? — Admirez, Justin, la crou**pe** élégante, et souple, les jambes fines et nerveuses du palefroi de Radegonde.

———

54ᵉ LEÇON. — R,

§ Iᵉʳ, *ou :* R*aton est propre jusqu'au scrupule.*

66ᵉ Copie. — Mon Séverin, ne grimpez pas aux arbres, vous déchireriez votre blouse, et vous vous écorcheriez le visage; et puis, si vous tombiez, vous vous casseriez peut-être les bras ou les jambes.

65ᵉ Th. Mon scrupule superflu,	mes—s—s—.
Ma serine verte,	mes—s—v—.
Une grande barque,	mille—g—b—.

Comme vous le voyez dans Raton, scrupule, *etc.* :
On emploie très-souvent un r pour peindre l'articulation **r** au commencement et au milieu des mots.

69ᵉ Dictée. — Le ciron, un des plus infimes de tous les êtres organisés, est admirable dans sa structure; il révèle la puissance suprême du Dieu qui le créa. — Grégoire, ne nous répéterez-vous pas une longue tirade de **Racine** ?

§ II, *ou : Mon frère, la lumière est du feu.*

67ᵉ Copie. — Dieu est notre père. — Le célèbre orfévre et ministre Éloi a fabriqué un riche siége qu'on admire au Louvre. — Le stère est un mètre cube. — Que de nègres près de la rivière !

66ᵉ Th. Ton amusante gageu**re**,　tes a—g—.
　　Ta verte cheneviè**re**,　　tes v—ch—.
　　Une large gibeciè**re**,　　mille l—g—.

Ainsi que vous le voyez dans frère, lumière, *etc. :*
On emploie très-souvent **re** pour peindre l'articulation **r** à la fin des mots.

70ᵉ Dictée. — La vache de votre fermière manque de litiè**re**, et sa mangeoire est vide. — Admire, ma chère tante, ces nuages de pour**pre**. — Côtoyez la rivière, le murmure de ses ondes vous charmera, ma mère.

————

55ᵉ LEÇON. — S AU COMMENCEMENT DES MOTS, *ou :*

= *Simon a salué Sargine à Spire.*

68ᵉ Copie. — **1°** Dieu a soin de moi et de toutes ses créatures. — Si vous achetez sept poires à deux sous, combien devrez-vous de sous à la fruitière? répondez, Silvio ! — Une sapinière est un lieu planté de sapins. = **2°** A la voûte de quelques cavernes, on trouve des stalactites superbes; cela forme un spectacle magnifique, surtout à la lumière des torches. — Que votre antichambre est spacieuse !

67ᵉ Thème et 68ᵉ.

1. **S**on (1) aveu sincère,   **s**es (1) a—**s**—.
   Son superbe surgeon,   **s**es **s**—**s**—.
   Son gracieux spectacle,   **s**es gr—**s**—.
2. **S**a (1) souris savante,   **s**es **s**—**s**—.
   Sa source limpide,   **s**es **s**—l—.
   Une spirale régulière,   huit **s**—r—.

Ainsi que vous le voyez dans Sargine, salué, Spire, *etc.* :
Au commencement des mots on emploie le plus souvent un **s** pour peindre l'articulation *s*.

71ᵉ Dictée. — 1° L'Etna est un volcan de la Sicile. — Le sucre est une substance savoureuse. — Lorsque Sargine voyagea, visita-t-il Samarcande, ou bien Surate dans l'Inde? — Évitez toujours le scandale. = 2° Simplice, il y a d'admirables sapins sur les Alpes-Scandinaves. — Vous me tracerez Samedi deux spirales, Scolastique. — Admirez avec moi l'admirable spectacle de la nature !

56ᵉ LEÇON. — SS AU MILIEU DES MOTS ENTRE DEUX VOYELLES DONT LA SECONDE EST **a, o, u,** *ou* :

= *Remi passa par Issoire, je t'assure.*
(Faire redire le nom des voyelles.)

§ Iᵉʳ. 69ᵉ Copie.— ss *avant* a.

L'obéi**ss**ance est la première vertu de votre âge. — Marguerite la glaneuse rama**ss**a quatre gerbes d'épis oubliés, et elle ra**ss**asia elle et sa mère. — Écoutez la colombe gémi**ss**ante qui

---

(1) Dans son *sourire*, sa *grâce*, ses *prières, tout charme;* re- *marquez, enfants, que:*
Le pluriel de **son** et de **sa** est **ses** commençant par un S.

roucoule. — La musique vocale a pour ma mère un charme, indéfinissable. — Qui cassa ces branches d'acacia ?

69ᵉ Thème. — SS *avant* **A**.

Son (1) dangereux pa**ss**age,   ses (1) d—p—.
Sa (1) girafe col**ossa**le,   ses (1) g—c—.
Une dangereuse gli**ssa**de,   mille d—gl—.

Comme vous le voyez dans pa**ss**a, I**ss**oire, a**ss**ure, *etc. :*
On emploie en général **ss** pour peindre l'articulation *s* au milieu des mots entre deux voyelles dont la seconde est *a, o, u.*

---

§ II. — 70ᵉ Copie. — ss *avant* o.

Marins, vous devez aux Chinois la découverte de la bou**ss**ole. — L'a**ss**ocié de Soulange sucre son café avec de la ca**ss**onade. — Le râle se cache dans l'orge, dans l'avoine, dans les bui**ss**ons surtout. — C'est quand la cui**ss**on en est incomplète que la viande est rougeâtre.

70ᵉ Thème. — SS *avant* **O**.

Le mariage indi**sso**luble,   les m—in—.
Sa longue gli**sso**ire,   ses l—g—.
Son mélodieux ba**sso**n,   cent m—b—.

§ III. — 71ᵉ Copie. — ss *avant* **u**.

Monique m'a a**ss**uré que le roi **Assur**, i**ss**u de Sem, a gouverné les Ninivites. — Je vous a**ss**ure que notre a**ss**ocié est i**ss**u d'une race noble de Bressuire, et non d'I**ss**oudun ni d'I**ss**oire. — Dieu est au-de**ss**us de tous les monarques. —

---

(1) Voyez la note de la page **75**.

Essuyez vos larmes, cette ble**ss**ure ne sera rien.

71e Thème. — SS *avant* U.

Son **tissu** fin,	ses t—f—.
Sa ble**ss**ure sanglante,	ses b—s—.
Un prince **issu** de...	sept p—i—de...

Voyez la règle placée après le 69e Thème.

72e Dictée. — **1°** Ayez pour la loi de Dieu une obéi**ss**ance complète. — Longez cette petite rivière, vous trouverez sur ses rives du cre**ss**on, je vous **assure.** — Simon, on vous punira de votre désobéi**ss**ance. = **2°** La mare qui est près des prés servira pour le roui**ss**age de votre chanvre. — Réparez ces longues et larges fi**ss**ures, Martin, ou votre cabane s'écroulera.

73° Dictée. — **1°** Lorsqu'il voyagea dans les Alpes, mon cousin Gustave y **essuya** un orage épouvantable : la foudre, **assourdissante** autant que dangereuse, gronda au-de**ss**us de sa tête ; mais sa confiance en Dieu le ra**ss**ura. = **2°** Mon papa, combien chaque poi**ss**on a-t-il de jambes ? Le poi**ss**on n'a pas de jambes, Émile, le poi**ss**on a des nageoires. — Que de chênes antiques et mou**ss**us !

74e Dictée. — **1°** Ra**ss**urez-vous sur la santé d'Anna ; elle ne ce**ss**a de boire des tisanes rafraîchi**ss**antes. — Juste, vous ne ferez que quatre ou cinq gli**ss**ades sur cette gli**ss**oire. = **2°** Que d'éclabou**ss**ures vous avez, Ursule ! — Le crabe n'est pas un poi**ss**on, car un poi**ss**on a toujours des nageoires; le crabe est un crustacé. — Que voilà une délicieuse boîte en pali**ss**andre !

75ᵉ Dictée. — **1°** Un pigeon à la gorge changeante voltigea longtemps dans ces lieux; vingt fois il **passa** et repa**ssa** au-de**ssus** de nos têtes. = **2°** On fabrique des cordages et des **tissus** avec des fibres d'écorces d'arbre. — La moi**ss**on sera-t-elle abondante ? — Mimi sera toujours bien obéi**ss**ante, bien car**ess**ante, n'est-ce pas ?

57ᵉ LEÇON. — **S AU MILIEU DES MOTS :**

1° avant une consonne, — 2° après une consonne, mais suivi de **A, O, U,**

§ Iᵉʳ, *ou : Rostopchin brûla Moscou par patriotisme.*

72ᵉ **Copie.**

Jusqu'à la 96ᵉ copie mettre alternativement dans les dictées un *s* sous chaque substantif, un *a* sous chaque adjectif.

1° Le livre de religion de l'Islami**sme** est le Coran. — Ouvrez les fenêtres, Justine, et vous acti**v**erez la combu**st**ion du charbon. — Il est coupable celui qui transgre**ssa** la loi de Dieu. = **2°** Conduirez-vous votre cousine la strasbour-geoise du côté de l'Obéli**sque** ? — Le despoti**sme** a obscurci la gloire de ce roi. — Un lu**st**re est un espace de cinq ans. — Salomon, roi des Israélites, a composé des cantiques sacrés.

72ᵉ Th. Mon dome**st**ique ob**st**iné,   mes d—o—.
Ma **s**avante in**st**itutrice,   mes s—in—.
Une li**st**e complète,   deux mille l—c—.

Remarquez, par les mots Rostopchin, Moscou, patriotisme, *etc.,*
que :
Pour peindre l'articulation *s* avant une consonne on emploie généralement un **s**.

76ᵉ Dictée. — 1° Aristide-le-Juste a vécu
dans la Grèce. — La rate est une substance
spongieuse. — Savez-vous que l'Irlande est une
île très-froide, Scolastique ? — Aristobule a été
roi des Juifs. = 2° L'astre aux rayons dorés a
disparu ; nous voilà, Constance, dans une obscurité complète. — Lorsque l'Islamisme pénétra
dans le midi de la France, qui le repoussa ? Nos
barons, leur patriotisme !

———

§ II, *ou* : *Qui versa ce vin sur la console,*
Ursu*le?*

73ᵉ Copie. — **sa** *après une consonne.*

Le coupable Absalon se révolta contre son
père, et le roi-p**sa**lmiste ver**sa** des larmes abondantes sur l'ingratitude d'Absalon plus que sur
lui-même.— Cousez mieux le cor**sa**ge de votre robe
rose.

73ᵉ Th. Ton docte per**sa**n,   tes d—p—.
      Ta ma**ns**arde étroite,   tes m—é—.
      A l'île in**sa**lubre, .   aux î—in—.

Comme vous le voyez dans versa, console, Ursule, *etc.:*
Après une consonne on emploie en général un s pour peindre
l'articulation *s* quand après le s on voit un *a*, un *o* ou nn *u*.

74ᵉ Copie. — **so** *après une consonne.*

Gustave, con**so**lez-vous ! — Voyez ces six ou
sept jeunes our**so**ns bruns à côté de leurs mères.

— Le marsouin se trouve souvent dans la Manche. — Anatole, essuyez vos larmes, voilà un joli pinson qui chante sa petite chanson.

74ᵉ Th. Ma joyeuse cha**ns**on,   mes j—ch—.
          Ta débitrice i**ns**olvable,   tes d—in—.
          Au roi a**bs**olu,   aux r—a—.

Voyez la règle placée après le 73ᵉ thème.

75ᵉ Copie. — su *après une consonne.*

On est sage tant que l'on con**s**ulte son père. — La mor**s**ure de la vipère est dangereuse. — Espiègles, qui de vous dérangea mes deux capsules? — Ursule, la province d'Aragon ne s'insurgea-t-elle pas?

75ᵉ Th. Mon a**bs**urde gageure, mes   a—g—.
          Ton obstacle i**ns**urmontable,   tes o—in—.
          Son i**ns**ulte gratuite,   ses in—g—.

77ᵉ Dictée. — 1° Il y a beaucoup de reptiles dont la mor**s**ure n'est pas dangereuse. — Une parole sèche per**s**uade peu, une parole froide ne con**s**ole pas les infortunés. — Écoutez les joyeuses chansons! voilà la fin de la moisson. **= 2°** Vous me con**s**olerez, mon Adèle, comme la charmante petite Noémi con**s**ole sa maman. — Le roi des Per**s**ans gouverne d'une manière despotique. — Lorsque vous sortez, con**s**ultez toujours votre baromètre.

78ᵉ Dictée. — 1° Le marsouin n'est pas un poisson. — On trouve encore quelques Guèbres

parmi les Persans, le Guèbre adore le feu. — On ne résiste point à la volonté d'un monarque absolu. — Qui versa tant de vin à ma petite Clara ? cela est absurde. = 2° Qui logera-t-on dans ces étroites mansardes ? — Constantin a agi par boutades; il s'est montré insociable, aussi, voyez, chacun l'a fui. — Vous ne direz jamais aux domestiques de paroles insultantes.

58° LEÇON. — C APRÈS UNE VOYELLE — ET AVANT e, i, *ou :*

= *Suivez les préceptes de la médecine.*

76e **Copie.** — 1° La charité est de précepte divin. — Ce lieu est tout bordé de dangereux précipices; prenez-y bien garde, Lucile, ou vous tomberiez. — Vous recevrez toujours avec docilité les avis de votre père. = 2° On a purgé Francine avec deux médecines noires, et l'on acidule ses tisanes. — La foudre est produite par l'électricité. — Ne soyez jamais indociles ni insouciantes, mes chères nièces.

76e Thème. — **C** *devant un* **E.**

Notre longue procédure,	nos l—p—.
Notre vin acerbe,	nos v—a—.
Un sage précepte,	deux cents s—p—.

77e Thème. — **C** *avant un* **I.**

Votre médecine noire,	vos m—n—.
Votre capricieuse comète,	vos c—c—.
Un vieux clavecin,	deux cent un v—c—.

Ainsi que vous le voyez dans précepte, médecine, *etc :*
Après une voyelle on emploie le plus souvent un **c** devant *e*
ou un *i* pour peindre l'articulation *s*.

79ᵉ Dictée. — **1°** L'amitié des bons est précieuse. — Dieu précipita dans les abîmes les anges indociles à ses lois, comme il chassa de son joli jardin la désobéissante Ève, et son trop docile mari. La chute des anges précéda le Déluge. = **2°** Le tigre est d'une grande férocité. — Il y a près de chaque pôle une large zone glaciale. — Ne mangez jamais de prunes peu mûres, et **acides** encore. — Vous suivrez toujours les préceptes de l'Évangile.

———

59ᵉ LEÇON. — **T** (au lieu de **S**) **DANS LES MOTS FINISSANT EN** tion, *ou :*

= *La* **nation** *juive a vécu sous la domination du roi de Ninive.*

77ᵉ Copie. — **1°** Dieu lui-même a placé dans notre âme les premières **notions** du juste et de l'injuste. — Sara fera un nombre considérable de ces ablutions prescrites par la loi à la **nation** juive. = **2°** La navigation de la Manche est souvent dangereuse. — Lorsque vous répèterez des fables, évitez cette récitation monotone qui est si désagréable. — La Création précéda le Déluge de plus de vingt siècles.

78ᵉ Thème et 79ᵉ.

1. La respectueuse salutation,   les *r—s—.*

Leur pernicieuse indiscré**tion**, leurs p—in—.
Leur indispo**sition** passagère, leurs in—p—.
Une p**otion**; trois cents p—.

2. Une n**otion** première, cent n—p—.
L'inébranlable réso**lution**. deux cents i—r—.
Une pénible déce**ption**, deux cent trois p-d-.

Ainsi que vous le voyez dans nation, domination, fraction, *etc:*
A la fin des mots on écrit généralement *sion* par **tion**.

78ᵉ Copie. — **1°** Étudiez-vous les fraction**s** décimales? — Avez-vous lu l'**action** courageuse de cette jeune captive qui traversa le Tibre à la nage pour rejoindre ses compatriotes? — On fabrique, pour les marins, des montres d'une admirable perfe**ction**. = **2°** Le diacre qui ondoya Anastase recevra ce matin l'on**ction** sacerdotale. — La loi que vous réclamiez est utile, la rédac**tion** en est faite; il ne lui manque que la dernière san**ction**: elle la recevra, c'est ma convic**tion**.

80ᵉ Thème et 81ᵉ.

1. Notre utile pon**ction**, nos u—p—.
Votre rare perfe**ction**, vos r—p—.
Leur convi**ction** profonde; leurs c—pr—.

2. Une déco**ction** légère, mille d—l—.
Une **action** courageuse, deux mille a—c—.
Une fra**ction** décimale, trois mille f—d—.

Voyez la règle qui suit le 78ᵉ thème, et le 79ᵉ.

80ᵉ Dictée. — **1°** Qui n'admet les prodiges de la Création? — La première prédica**tion** des Apôtres a converti bon nombre de Juifs. — Notre globe opère en douze mois, ou un an, sa révo**lution** autour de l'astre aux rayons dorés. —

Prenez votre récré**ation**, mes amis ! = **2°** Dans ses simples et sublimes fon**ction**s, la religieuse soulage les infortunés dans leurs indispo**sition**s, forme à toutes les vertus de leur po**sition** une multitude d'élèves trop souvent indociles, visite les misérables, et leur inspire des résolu**tion**s sages, et pieuses même bien souvent.

81e **Dictée.** — **1°** Recherchez la perfe**ction** dans toutes vos a**ction**s, Caroline; cette noble ambi**tion** est fort permise. — Napoléon I**er** a imposé sa domin**ation** à presque toutes les n**ation**s de l'Europe, chacune d'elles a payé à la France d'onéreuses contri**bution**s = **2°** Il y a des régions de l'Amérique où l'on ne trouve qu'une rare popu**lation**. — L'on**ction** royale a consacré un pâtre chef de la n**ation** juive. — Elle est aussi complète qu'admirable l'abnég**ation** de la religieuse qui ne cherche que Dieu dans toutes ses a**ction**s.

60e **LEÇON.** — **SSE A LA FIN DES MOTS EN esse,** *ou :*

La négresse de la princesse est morte.

79e **Copie.** — **1°** Dans sa première jeun**esse**, Robinson Crusoé, par son peu de sag**esse**, d'obéissance et de docilité, par son obstination et sa par**esse**, tomba dans une grande détr**esse** : *il voyagea à l'insu de son père, et son navire échoua près d'une île déserte.* = **2°** Robinson ne trouva dans cette île ni roi, ni prince, ni princesse; ni frères, ni amis; ni vaches, ni chèvres, ni moutons, ni poules; il n'y trouva pas un âne, pas une ânesse, pas même un lion, un tigre ou une tigresse...

82e Thème. Votre stérile promesse,   vos s—p—.
Leur féroce ogresse,   leurs f—o—.
A la docte druidesse,   aux d—d—.

Comme vous le voyez dans négresse, princesse, *etc:*
On emploie le plus souvent **ss e** à la fin des mots terminés en *èce,*

82e Dictée. — **1°** Dans la France antique une population nombreuse a obéi aux druides et aux druidesses. — Votre ânesse à dérangé sa mangeoire. — Parlez toujours aux domestiques avec politesse; l'impolitesse dénote le manque d'éducation. = **2°** Si vous devenez malpropre, Gaston, vous ne serez pas joli; vous ne recevrez plus mes caresses. — La dogaresse est la femme du doge, comme la princesse est la femme du prince; la duchesse et la femme du... devinez?

61e LEÇON. — **CE A LA FIN DES MOTS** *en* **ace**

BREF, *en* **ice,** *en* **ance,** *en* **ince,** *en* **once,**

ou : = Goûtez cette glace, Alice et Constance.

80e Copie. — **1°** L'Océan couvre bien plus de la moitié de la surface du globe, Sulpice. — La jeunesse est sans prévoyance. — Voilà des jeux de prince; on respecte un moulin, on vole une province. — L'once est féroce, la louve vorace. = **2°** Simplice, lorsque vous pêcherez des crabes, prenez garde à leurs pinces ! — L'are est l'unité des mesures pour les surfaces; l'are a dix mètres de chaque côté, Léonce. — Ermance, avez-vous lu dans l'*Adroite Princesse* que la défiance est mère de la sûreté ?

83e Thème, 84e et 85e

1. Ma glace savoureuse,   mes g—s—.
Ta longue préface,   tes l—p.
Son lâche complice;   ses l—c—.

2. Leur sage institutrice,   leurs s—in—.
Une énorme pince,   deux mille é—p—.
Une mince tartine;   deux cents m—t—.

3. Le vaste quinconce,   deux cent quatre v—qu—.
A la croyance générale,   aux c—g—.
A l'assurance perfide,   aux a—p—.

Ainsi que vous le voyez dans glace, Alice, Constance, quinconce *etc:*

On emploie généralement **c** e pour peindre l'articulation *s* à la fin de *beaucoup* de mots en *ace* bref; — et la fin des mots en *ice,* en *ince,* en *once,* en *ance.*

NOTA. *Il y a aussi beaucoup de mots en* ence, *comme* prudence, démence, violence, *etc.*

83e Dictée. — **1°** Selon sa volonté et son caprice, le poisson plonge dans l'Océan ou s'élève à la surface. — L'inconstance est fort nuisible. — Que de limaces dans le jardin ! Brice, ôtez-nous ces bêtes dégoûtantes. — La France domine dans une des provinces barbaresques de l'Afrique. = **2°** Il y a dans les Alpes d'épouvantables précipices ; vous ne les éviterez, Léonce, que par la prévoyance et la sagesse de vos gui-

des, et par votre docilité à suivre leurs avis. — Ah! voyez donc Simplice qui se regarde dans la glace ! — Constance, le liège surnage toujours.

―――――

62ᵉ LEÇON. — RÉCAPITULATION DU **S**, — et 1° **CE** DEVANT UN SUBSTANTIF, *ou :*

= *Prenez* **ce** *dé,* **cet** *étui,* **cette** *pelote, et* **ces** *petites épingles ;* — **celles**-*ci.*

81ᵉ **Copie.** — Sidoine, sortez de **ce** passage. — Admirez **ces** blés et **ces** riches moissons. — Que **ce** tissu est fin et souple ! Regardez **celui-ci**, Soulange, et non **celui-là**. — Où achetez-vous **ces** jolis tissus-là, ma tante ?

86ᵉ Thème. **Ce** spectre épouvantable, **ces** s—e—.
 Ce fidèle associé, **ces** f—a—.
 Ce poltron rassuré, **ces** p—r—.

Vous le voyez :
Le mot *ce* devant un substantif ou un adjectif s'écrit par **c e**.

82ᵉ **Copie.** — L'ouragan a déraciné **cet** arbre-ci et **ces** quatre arbustes que voilà. — Béatrice, admirez avec nous **ce** lion à la crinière ondoyante, **cet** élan si agile, **cette** énorme girafe, **ces** gracieuses antilopes, **ces** tigres, **ces** zèbres, **ces** sapajous, **ces** mouflons venus de la Corse.

87ᵉ Thème. **Cet** agile marsouin, **ces** a—m—.
 Cet astronome tonsuré, **ces** a—t—.
 Cet indou peu rassuré, **ces** in—p—r—.

Le mot *ce* s'écrit par **c e t** devant un substantif, ou un adjectif, qui commmence par une voyelle.

83ᵉ **Copie** — Scolastique, nombrez **cette** fraction décimale ; nombrez sans distraction **ces** quatre fractions décimales. — **Cette** sorte de coupe verte ou verdâtre que vous voyez sous **ces** campanules en est le calice.

88ᵉ Th. Cette ridicule promesse,   **ces** r—p—.
        Cette glace médiocre,   **ces** g—m—.
        Cette utile association,   **ces** u—a—.

On écrit **cette**, au lieu de *ce* ou *cet*, devant les mots féminins (C'est-à-dire lorsque *cette* pourrait être remplacée par *une*) (1).

84ᵉ **Dictée.** — 1º Admirez, Ursule, **ce** chêne, **ce** platane, **cet** érable gigantesque ; **celui-ci**, et tous **ceux** que vous voyez là ; puis dans **ce** pré **cette** vache blanche et **ces** cinq vaches noires ; **ces** chèvres grimpantes et capricieuses, **ces** moutons, **ces** brebis, **ceux**-ci et **celles**-ci. = 2º Que **cet** ânon est obstiné et indocile ! Qui nous a amené dans **ces** lieux tous **ces** indociles ânons ? — Maman, achetez-moi, si vous voulez, **ce** casque doré et **cet** arlequin, **celui**-ci ; — ou bien **ces** charmantes flèches. Voulez-vous **ceux**-ci, ou **celles**-ci ?

63ᵉ LEÇON. — RÉCAPITULATION DU **S**,

ET — 2º **CE** DEVANT UN MOT DU VERBE **ÊTRE**, ou :

= *Vos épingles, si* **ce** *n'est pas pour Alice,* **ce** *sera pour moi.*

84ᵉ **Copie.** — 1º **C**'est avec le lin qu'on fabri-

---

(1) *Remarquez, enfants que :*
Le pluriel de **ce**, **cet**, **cette**, est toujours **ces** écrit par **ces**.

que la toile la plus fine, le linon, la batiste, etc. — **Ce** sera Dieu qui nous jugera tous à la fin des siècles. — **C'**est la politesse qui nous charme dans la société, Béatrice. = **2°** **C'**est dans la Bible que vous avez lu la Création du monde, la punition et la destruction de tous les coupables par le Déluge; **ce** sera là que vous trouverez la Vocation du patriarche, père des Juifs. — **C'**est mon frère qui chassa ces lièvres, et c'est Diane qui nous les porta dans ces lieux.

Comme vous le voyez dans **c'**est, **ce** sera, *etc. :*
Le mot *ce* s'écrit toujours par **ce** ou par **c'** devant *est, sera,* et tout autre mot dépendant du verbe être, — lorsque le mot dépendant du verbe *être* est ajouté à *ce,*

85e **Dictée.** — **1°** Ces poissons rouges que maman acheta, c'est pour Léonce. — **Ce** sera avec mes neveux que vous mangerez ces brioches délicieuses, ces meringues, ces prunes et les pêches bien mûres que vous voyez sur cette table; c'est bon, savez-vous, toutes ces choses-là ! = **2°** Un témoin invisible préside à toutes nos actions, c'est Dieu lui-même : ce témoin invisible, ce Dieu suprême, **ce** sera notre juge à tous; un juge sévère pour les coupables, mais un véritable père pour les bons.— Ce qui vous manque, Simon, c'est de la politesse.

64ᵉ LEÇON. — SUITE DE LA RÉCAPITULATION DU **S**,
— ET 3° **SE** DEVANT UN VERBE (AUTRE QUE
ÊTRE), *ou* :

= *Voyez ce lièvre qui* **se** *cache dans les bruyères.*

85ᵉ Copie. — 1° Voyez cet âne qui **se** prélasse près de cette négresse ! — La petite Lucile **se** coupa elle-même les ongles, et elle **se** blessa; voilà où mène la désobéissance. — L'idolâtre stupide **se** prosterne devant une impuissante image, et il l'adore. = **2°** Celui qui **se** livre à la paresse, et qui reste dans l'inaction, périra misérable. — Ambroise **se** fraya des chemins au milieu de ces ronces et de ces épines, et il s'écorcha. — Moustache a poursuivi le serin, qui s'est (**1**) réfugié dans ma chambre.

Comme vous le voyez dans il **se** *cache,* il **se** *prélasse, etc.:*
Le mot *ce* s'écrit par **s** e devant un mot d'un verbe (qui ne fait pas partie du verbe *être*).

86ᵉ Dictée. — **1°** La mémoire de l'inondation générale, ou Déluge, **se** conserva chez presque toutes les nations du globe. — Le prince pourchassa longtemps une biche, mais à la fin il **se** lassa. — L'élève docile **s'**instruira. — Le lin **se** file en France à la mécanique. = **2°** Le moyeu de notre calèche **se** brisa au milieu du voyage. — Notre mère Ève **se** montra désobéissante, et Dieu la chassa du jardin des délices. — Celui qui

---

(**1**) Ici le mot du verbe *être* est ajouté à *qui*, (et non à *s'*), — voilà pourquoi l'on n'a pas dû y écrire *s'* par un **c** devant *est*.

se montra toujours véridique **se** concilia l'estime publique et la confiance générale.

═══════

65ᵉ LEÇON.— **T,** — ET PLURIEL DU VERBE **EST**, *ou* :

═ *Ah! que ton mouton* **EST** *une stupide bête !*

Oui, les moutons **SONT** *bien stupides.*

86ᵉ **Copie** et 89ᵉ **Thème**. — Ce n'est pas celui qui se prosterne sans cesse qui sera justifié, Marguerite ; c'est celui qui observe avec fidélité la loi de Dieu.

Ce malin ouistiti,	ces m—ou—.
Sa **tarte** cuite,	ses **t**—c—.

Ainsi que vous le voyez dans ton, mouton, bête, *etc.* :
'L'articulation *t* se peint généralement par un **t** au commencement et milieu des mots; — et à la fin des mots elle se peint presque toujours par **t e**.

87ᵉ **Copie** et 90ᵉ **Thème**. — Martin t'assure que le cloporte **est** un crustacé, que le crustacé **est** une espèce particulière d'êtres; mais ces crustacés **sont**-ils des insectes?

Ce **t**ambourin **est** agréable,	ces **t** — **sont** a—.
Cet étui **est** incrusté,	ces é—**sont** in—.
Cette galère **est t**urque,	ces g—**sont t**—·
Sa redingo**te est** en alpaga,	ses r—**sont** en a—.

Retenez bien que :

On écrit par SONT le verbe pluriel qui s'écrit au singulier par **EST**.

88ᵉ **Copie**. — 1° Maman, l'étoile que voilà **est** très-éblouissante! Toutes les étoiles **sont**

éblouissantes, Ernestine. — Antoine **est** obstiné! Que les obstinés **sont** donc détestables. =
2° Écoutez, Artémise; parmi les astres, on distingue des planètes; Mercure, Saturne, Junon, etc., **sont** des planètes. C'est Mercure qui **est** la plus petite des planètes; les plus grandes **sont** Saturne, Jupiter, etc.

87e **Dictée.** — **1°** L'âne de ma tante **est** fort têtu. — Tous les ânes **sont** obstinés, têtus et indociles, mais ils **sont** infatigables et fort sobres. — Tous les infortunés **sont** les amis du bon Dieu. = **2°** L'insecte **est** une petite bête; la mouche **est** un insecte, les fourmis **sont** des insectes aussi. — Les êtres animés les plus nombreux **sont** les insectes, il y en a une multitude. — Les branches des arbres en **sont** comme les bras.

66° LEÇON. — **V**, *ou :*

= *Les* **v***aniteux sont dupes de leur* **v***anité même,*
*Gene***v***iève.*

89e **Copie.** — La nation des **V**andales a ravagé la moitié de l'Europe, le sa**v**iez-vous, I**v**an et **V**ictorine? — Les **v**ipères et les crotales (serpents à sonnettes) sont **v**enimeux. — Le soufre, comme la la**v**e, se trouve en abondance dans le voisinage des **v**olcans.

91e **Thème.**

Cette **v**ergeure est **v**isible,   ces **v**—sont **v**—;

Son action est **v**ertueuse,   ses a—s—**v**—.
Votre rê**ve** est pénible,   vos r—s—p—.

Vous le voyez par **v**aniteux, **v**anité, Gene**v**iève, *etc* :
L'articulation *v* se peint généralement par un **v** au commencement
et au milieu des mots ; — et à la fin des mots elle se peint par **ve**.

88ᵉ Dictée. — Lorsqu'une plante a **v**écu, ou
plutôt **v**égété quelques mois, et qu'elle a perdu
toute sa sè**ve**, elle se dessèche et tombe morte. —
C'est Gene**v**iè**ve** qui est s**v**elte et **vi**ve ! voyez
comme elle s'élance **v**ite sur les ri**v**es de ce fleu**ve** !

67ᵉ LEÇON. — **X**, *ou* :

= *Alexandre, né à **Me**xico, visita la Sa**x**e.*

90ᵉ Copie. — **1°** N'e**x**igez jamais rien que de
juste de vos amis. — Ale**x**andrine a une timidité
e**x**trême. — Les mines sont des e**x**cavations très-
profondes dont on retire des substances utiles et
souvent précieuses. Les mines du Me**x**ique et du
Pérou sont des plus riches. = **2°** L'e**x**actitude est
la politesse des rois. — Maximin, les pôles sont les
e**x**trémités de l'a**x**e de notre globe. — Parmi les
astres, on distingue les étoiles fi**x**es et les planètes ;
l'étoile fi**x**e ne change jamais de place relative,
mais chaque planète opère une révolution.

92ᵉ Thème et 93ᵉ.

Leur relation est e**x**acte (1),   leurs r—s—e—.
L'e**x**ilé est misérable,   les e—s—m—.

---

(1) *Remarquez que :*
On ne met jamais d'accent sur l'**E** qui est avant un **x**.

Votre exclamation est extravagante ; vos e—s—e—.

2. Leur exercice est forcé,   leurs e—s—f—.
Cette fête est expiatoire,   ces f—s—e—.
Sa **taxe** est fixe,   ses t—s—f—.

Comme vous le voyez dans Alexandre, Saxe, *etc :*
L'articulation double *c-s* ou *g-z* se peint généralement par **x** au commencement et au milieu des mots ; — et à la fin elle se peint presque toujours par **x e**.

89ᵉ Dictée. — 1° Maxime, notre globe tourne sur lui-même ou sur son **axe**, cette rotation est journalière. — Alexandre, roi de Macédoine, a établi sa domination jusque près des extrémités de l'Inde. — Maximin a demandé l'extrême-onction. = **2°** Napoléon Iᵉʳ, a vécu six ans exilé dans une île, à l'extrémité du monde. — Il y a une très-grande distance entre les étoiles fixes et notre globe. — Mexico est la capitale du Mexique, dans l'Amérique.

68ᵉ LEÇON. — **Z** AU COMMENCEMENT DES MOTS, *ou :*

= **Z**oé *a un manchon de* **z**ibeline.

91ᵉ Copie. — 1° C'est le sage persan Zoroastre qui a réformé la religion des Perses, dite religion des Mages. — Zulime, la zibeline est une sorte de martre qui s'achète dans les régions glaciales. = **2°** Presque toutes les bêtes du Jardin-des-Plantes sont étrangères ; les **z**ébus bossus sont venus de l'Inde ou de l'Afrique, c'est de l'Afrique aussi que sont venus les **z**èbres rayés.

94ᵉ Thème.

Le **z**èbre est rayé,	les **z**—s—r—.
Ce **z**éro est mal placé,	ces **z**—s—mal p—.
La **z**one glaciale,	les deux **z**—g—.

Ainsi que vous le voyez dans **Z**oé, **z**ibeline, *etc. :*
Au commencement des mots on emploie toujours un **z** pour peindre l'articulation **z**.

90° **Dictée.** — **1°** Les apôtres de l'Évangile se sont montrés très-zélés dans leurs prédications. — On recherche les **z**ibelines les plus noires. — Voyez, **Z**élime, ce caractère 0, c'est un **z**éro. = **2°** Les Guèbres sont les restes de la nation persane; le Guèbre a conservé la religion de **Z**oroastre, le culte du feu. — Avez-vous admiré chez l'oncle de **Z**élia un superbe **z**odiaque parmi ses antiquités?

69ᵉ **LEÇON.** — **S** EMPLOYÉ POUR **Z** AU MILIEU ET A LA FIN DES MOTS, *ou :*

= *Rosine, mangez cette exquise framboise.*

92ᵉ **Copie.** — **1°** Secourez le misérable qui vous implore dans ses besoins. — Ma chère **Ro**salba, vous ne serez jamais moqueuse, n'est-ce pas? — Une u**s**ine, c'est une forge, un moulin, etc. = **2°** Votre cousin Ba**s**ile regarda avec convoiti**s**e mes meri**s**es, mes framboi**s**es, mes fraises; et il m'en déroba même quelques-unes, car sa gourmandi**s**e est extrême. — Veni**s**e est curieu**s**e, mais triste.

95ᵉ Thème.

Cet **usa**ge est nu**is**ible,   ces u—s—n—.

L'**us**ine de ma **cous**ine,   les deux cents **u**—de mes c—.

La framb**oise** rougeâtre,   deux cent dix f—r—.

Comme vous le voyez dans Rosine, exquise, framboise, *etc*:
Entre deux voyelles et au milieu des mots l'articulation *z* se peint presque toujours par un **s** ; — mais à la fin des mots elle se peint par **s** e.

91ᵉ Dictée. — **1°** Les **Osa**ges sont une petite nation de l'Amérique : avez-vous vu des **Osa**ges, Élisa? — Les Mouches, les **cous**ins, etc., sont des insectes para**s**ites. — Louisa a vi**s**ité avec Rose ces énormes navires qui sont sur la Tami**s**e. = **2°** Mon **Is**idore, la rose simple, ou églantine, n'a que cinq pétales. — Gisèle, ne vous montrez jamais curi**euse**, la curiosité a perdu notre première mère, et puis les curieux sont mépri**s**és de tous.

_____

70ᵉ LEÇON. — **Z** ET **S**. — RÉCAPITULATION.

93ᵉ Copie. — **1°** Ma cou**s**ine, préserverez-vous vos cloi**s**ons de la moisissure dans l'obscurité, dans ces lieux sombres? — Nous voici dans la mou**ss**on pluvieuse. — Mangez du cre**ss**on, mais avec mesure, Ambroisine. = **2°** Sargine et **Z**oé, **s**oyez bien assurés que Dieu a répandu avec profusion sur toute la **s**urface de notre globe les plantes utiles à ceux qui sont malades ou indisposés.

92ᵉ Dictée. — **1°** Ne naviguez pas vers les

Indes pendant la mousson pluvieuse! — La can-
gue est une espèce de carcan portatif, en usage
surtout en Chine. — Isoline, ôtez la moisissure
qui est sur la tête de cette carpe. = **2°** Zoé,
soyez obéissante, et vous recevrez de moi ces
deux gracieuses mésanges. — Le datura est une
plante vénéneuse, un poison redoutable. — Lorsque le poisson agite ses nageoires, il avance ou re-
cule à volonté.

93e Dictée. — **1°** Les moissons abondantes
sont une bénédiction de Dieu. — Lorsqu'on
gronde la petite Ambroisine, elle tombe en pâ-
moison, elle a des spasmes nerveux; elle est bien
ridicule, la petite Ambroisine! = **2°** Oui, l'É-
vangile a flétri l'usure, je vous en assure, Rosa;
et il déclare le mariage indissoluble. — Voyez,
Louison, la toison de vos brebis reste après ces
buissons! — Élisa, cachez-vous derrière cette
palissade.

———

71° LEÇON. — **GN**, ou

= *Bourguignon, soignez bien votre vigne.*

94° Copie. — **1°** Prenez garde, Agnan, Raton vous égratignera! — La dague est une arme
espagnole. — Avez-vous admiré le magnifique
obélisque sur la place de la Révolution? — Mes
croquignoles sont délicieuses, qui les croquera?
C'est moi. = **2°** Le cochon a grogné longtemps

ce. matin. — **Ignace** est un des plus riches vi-**gnerons** de' la **Champagne** et de la **Bourgogne**, chacun lui **témoigne** de la considération. — La **cigogne** a les jambes longues et minces.

Écoutez bien, petits amis : Il y a des substantifs devant lesquels on peut mettre **un** *ou* **le**; — *il y a des substantifs devant lesquels on peut mettre* **une** *ou* **la**.

Hé bien!

Le substantif est MASCULIN quand on peut mettre devant lui UN *ou* LE;

Ainsi : *chat, tableau,* sont des substantifs masculins, puisqu'on peut dire : *Un* chat, *le* chat; *un* tableau, *le* tableau.

Le substantif est FÉMININ quand on peut mettre devant lui UNE *ou* LA;

Ainsi : *chatte, table,* sont des substantifs féminins, puisqu'on peut dire : *Une* chatte, *la* chatte; *une* table, *la* table.

96ᵉ Thème et 97ᵉ.

Dans ces thèmes, mettre *m* sous les substantifs masculins.

1. Ce ro**gn**on est brûlé,   deux cent un r—s—b—.
Un champi**gn**on vénéneux,   deux cents ch—v—.
L'action i**gn**ominieuse;   les a—i—.

2. Cette ma**gn**ifique monta**gne**, ces m—m—.
Sa due**gne** est gro**gn**on,   ses d—s—g—.
Ce vi**gn**eron est ivro**gne**,   ces v—s—i—.

Ainsi que vous le voyez dans Bourguignon, soignez, vigne, *etc.:* On emploie toujours **gn** pour peindre l'articulation *gn* au milieu des mots, — et à la fin des mots on l'écrit toujours par **gne**.

94ᵉ Dictée.

Dans cette dictée, mettre *f* sous les substantifs féminins.

1° Charlema**gne** ré**gn**a sur la France, sur l'Es-pa**gne**, et sur les rives du Pô; et il en soi**gn**a l'administration; dans un siècle d'i**gn**orance, il consacra ses soins à l'instruction ; il rédigea de sages lois ; il remporta de nombreuses victoires sur les Saxons ; enfin son règne a été des plus glorieux. = **2°** On trouve des vigo**gn**es au Pérou. — Noé conserva la foi et la sagesse, et Dieu l'épar**gn**a lorsqu'il noya toutes les créatures. — C'est Noé qui planta la première **vigne**. — Qui ga**gn**a la célèbre bataille de Marignan ? le savez-vous ?...

95° **Dictée.**

Mettre *m* sous les substantifs masculins.

1° Au milieu du globe, et à égale distance des pôles ; on trouve la li**gne** équinoxiale. — On a considéré comme des dieux les plantes, les légumes, les oi**gn**ons. — Que cette pelouse est ma**gn**ifique ! pas le moindre monticule, pas la plus petite élévation ! = **2°** C'est en Espa**gne**, et dans le midi de la France, dans la Gascogne, etc., que l'on cultive le chêne dont l'écorce procure le liège. — C'est Minon qui vous a égrati**gné** ? Venez ici, mon mi**gn**on ; séchez vos larmes. — Manon, balayez ces ro**gn**ures.

96° **Dictée.**

Mettre *f* sous les substantifs féminins.

1° La Grande-Breta**gne** est une île voisine de la France. — Ignace, mon mi**gn**on, vous maniez mal votre crayon ; vous ne tracerez pas de cette manière une li**gne** bien droite. — Que de grimaces risibles, que de mines ! ah ! les singes sont de bien mali**gn**es bêtes ! = **2**° Un Carloman, de la race de Charlema**gne**, a ré**gn**é sur la France. — Ces champi**gn**ons sont vénéneux, voilà mon opinion. — Sur cette miniature, voyez-vous la si**gn**ature de l'artiste? — Prenez la rose que je vous dési**gn**e, mais gare aux épines!

72ᵉ LEÇON. — ILL, — L MOUILLÉ AU MILIEU DES MOTS *ou* :

= *Qui barbouilla ce médaillon de vermillon ?*

Dans *tous* les exercices de cette 72ᵉ leçon, mettre *m* sous les substantifs masculins, — et *f* sous les substantifs féminins.

95ᵉ Copie. — **1**° Les étoiles fixes sont brillantes par elles-mêmes. — Alexandrine, travaillez avec soin à vous instruire. — Mon mignon, regardez donc Minon tout barbouillé de crème! — Votre mère a besoin de bouillon, soignez-la bien. = **2**° Parmi les nombreuses richesses de la création, on admire les coquillages variés, et ornés de nuances brillantes. — Si vous babillez trop, on vous placera un bâillon dans la bouche. — Que la vieillesse est respectable!

98ᵉ Thème et 99ᵉ.

1. Ton bataillon est courageux,   les b—s—c—.
Ce grillon est importun,   ces g—s—im—.
Son réveillon est somptueux;   ses—r—s—s—.

2. La babillarde est assourdissante,   les b—s—a—.
Votre brouillon est achevé,   vos b—s—a—.
Leur mouillage est sûr,   leurs m—s—s—.

Comme vous le voyez dans barbouilla, médaillon, *etc.* :
On met presque toujours ill au milieu des mots pour peindre l'articulation *ill* (*l* mouillé).

97° Dictée. — Dans votre voyage, avez-vous joui des nombreux carillons de la Belgique? — Qui de nous ignore qu'Alexandre déploya une grande vaillance contre les Perses? — Évitez les paroles railleuses, moqueuses, désobligeantes enfin. = **2°** Félicité tailla tous mes jasmins; son mari taillera tous les autres arbustes et les arbres de mon jardin, il y placera des treillages; et il me fabriquera aussi un joli pavillon où ma mère se reposera, et travaillera quelquefois.

73e LEÇON. — **ILLE,** — **L** MOUILLÉ A LA FIN DES MOTS FÉMININS, *ou :*

= *Le père est le chef de la fami*lle.

Écoutez bien, mes petits amis :

L'ADJECTIF est **MASCULIN** quand il est joint à un substantif masculin.

L'ADJECTIF est **FÉMININ** quand il est joint à un substantif féminin.

96e Copie.

Mettre *f* sous les mots féminins (substantifs et adjectifs) où figure le *l* mouillé.

1° Que préférez-vous, Ignace? des groseilles rouges, des groseilles blanches, des merises vermeilles; ou ces guignes rougeâtres? ou ces poires

de mouille-bouche? — Écoutez la vieille cor-
neille qui croasse, et la caille qui carcaille. =
2° Si vous criez parce que dans des lieux marécageux vous voyez de coassantes grenouilles, chacun
se moquera de vous. — La Vieille-Castille est
une province d'Espagne.

100ᵉ Thème et 101ᵉ.

1. Sa groseille est vermeille, ses g—s—v—.
 Cette écaille est cassante, ces é—s—c—.
 Cette corbeille est gracieuse; ces c—s—g—.
2. L'anguille est frétillante, les an—s—f—.
 Cette patrouille est bruyante, ces p—s—b—.
 Sa quenouille est vieille, ses qu—s—v—.

Comme vous le voyez dans une famille, *etc.* :
On met ille à la fin des *mots féminins* terminés par *l* mouillé.

98ᵉ **Dictée.** — 1° C'est pourtant la petite chenille que voilà qui rongea toutes vos citrouilles !
— L'abeille est un des insectes les plus utiles. —
La grenouille coasse en ces lieux. — Cultive-t-on
aux Antilles l'arbre qui nous procure le coton?
= 2° Oh! cette vieille duègne espagnole qui se
pare de roses et de jonquilles ! — La patrouille se
mouille. — Le volatile a des plumes luisantes, mais
le poisson a des écailles. — Le curé soigne ses
ouailles.

74ᵉ LEÇON. — IL, — L MOUILLÉ A LA FIN DES MOTS MASCULINS, ou :

= *Reprenez ce travail, croyez-en mon conseil.*

97ᵉ Copie.

Mettre *m* sous les mots masculins (substantifs et adjectifs) où figure le *l* mouillé.

1° Voici Avril qui fera fondre les glaces des Alpes. — Le fenouil est une plante aromatique du midi de la France. — Il y a des éclipses de lune et des éclipses de soleil. — Mes foins sont coupés, ils sont tous dans le fenil. = **2°** Ambroise, votre babil est importun. — Dieu charme le réveil du juste par des songes agréables. — On trouve dans le Brésil le papillon aux nuances les plus brillantes, — Que ces camails bleus sont jolis !

102ᵉ Thème et 103ᵉ.

1. Ce brugnon est vermeil,   ces quatre-vingt-deux b—s—v—.

Son camail est rougeâtre,   ses quatre-vingts c—. s—r—.

Un épouvantail,   deux cents é—.
Un détail ;   deux cent dix d—.

2. Son tramail (filet) est usé,   ses t—s—u—.
Cet exercice est pareil à...   ces e—s—p—à...
Leur péril est extrême,   leurs p—s—e—.
Un orteil énorme,   des o—é—.

Comme vous l'avez vu dans un travail, un conseil, *etc. :*
On met il à la fin des mots masculins terminés par *l* mouillé.

99e Dictée. — **1°** Les étoiles fixes sont des globes lumineux pareils à notre soleil. — Le pilote qui dirige votre gouvernail a du calme, sa sagesse assurera votre navigation. — Les nègres sont la moitié de la population du Brésil. = **2°** Regardez les détails du portail de Notre-Dame, vous les trouverez d'une délicatesse et d'une perfection merveilleuses. — Lorsque vous ne voyez plus le soleil, il prodigue sa clarté à une autre portion de la surface du globe.

75e LEÇON. — **L** MOUILLÉ. — RÉCAPITULATION GÉNÉRALE

Dans *tous* les exercices de cette 75e leçon, mettre *m* sous les mots masculins, — ou *f* sous les mots féminins — où figure le *l* mouillé.

98e Copie. — **1°** Dieu est le père suprême de la nombreuse famille qui couvre notre globe. — Sans gouvernail, votre barque est en péril, Octave. — C'est une vieille campagnarde qui creusa ces sillons. — Votre maman vous dira le conte de la *Lampe-Merveilleuse.* = **2°** On trouve de nombreux coquillages dans le sable de nos rivières, et sur les côtes de l'Océan. — Notre charmille est impénétrable aux rayons du soleil. — Copiez votre brouillon, Louise.

100e Dictée. — **1°** Un nuage rougeâtre a obscurci la lumière du soleil ! — N'avez-vous pas vu, Adèle, des étoiles filantes très-brillantes? — André, montez-nous de la cave quatre bouteilles de vin de Bourgogne. — La vieille pêcheuse a réparé votre tramail. = **2°** Regarde, maman, le joli papillon qui voltige près de nos treilles; ah! le voilà qui se pose sur les jonquilles! il est tout pareil à celui d'Émile; les papillons sont merveilleux ici.

101ᵉ Dictée. — **1°** Le magnifique portail de notre église Notre-Dame remonte presque au siècle de Godefroi de Bouillon : l'architecture de cette vieille église est imposante, et elle est merveilleuse dans ses détails. = **2°** Elmire cache sa taille sous un camail, et sa tête sous des tresses de paille lorsqu'elle s'expose aux rayons du soleil. — Mon père, je vous demande neuf petites quilles, et une boule d'ivoire pareille à celle-ci.

SUPPLÉMENT A LA DEUXIÈME SECTION

REMARQUES

76ᵉ LEÇON. — **1ʳᵉ** REMARQUE : **ELLE**, — **L A** LA FIN DES MOTS FÉMININS EN **EL**, *ou* :

= *Isabelle, venez dans ma nacelle.*

1-Dans *tous* les exercices de cette 76ᵉ leçon, mettre *f* sous les mots féminins en *elle*.

99ᵉ Copie. — **1°** Un ange veille sur vous, ma chère Estelle. — Achetez pour mademoiselle Gabrielle de la flanelle et de la filoselle. — La vieille duègne Isabelle a joué de la vielle. —

La lune brille, ah! qu'**elle** est **belle**! = **2°** C'est près des îles de la Nouvelle-Zélande que sont nos antipodes. — La fem**elle** de mon serin a pondu, **elle** couve déjà. — Mademois**elle** Per-n**elle**, n'oubliez pas le cresson et la pimpren**elle** dans la salade!

104ᵉ Thème et 105ᵉ.

1. Qu**elle** brillante étinc**elle**! qu—b—é—!
Votre s**elle** est élégante, vos s—s—é—.
Sa créc**elle** est bruyante; ses c—s—b—.

2. Qu**elle** déplorable quer**elle**! qu—d—qu—!
Qu**elle** b**elle** gerbe! qu—b—g—!
Voilà une production nouv**elle**, voilà des p—n—

Comme vous le voyez dans Isab**elle**, une nac**elle**, *etc.* :
On met presque toujours e**lle** à la fin des mots féminins en *el*.

102ᵉ Dictée. — **1°** Si ma petite Gabri**elle** me désigne les cinq voyelles, et me trace la pre-mière, **elle** se promènera dans la nac**elle** avec mademois**elle** Marc**elle**, qui lui racontera une b**elle** et intéressante nouv**elle**. = **2°** Si vous mé-prisez la loi de Dieu, vous ferez des actions cri-min**elles**. — Ma fille, glanez près des jav**elles**; les moissons sont si riches, si b**elles**! — Qu'**elle** est extravagante la sémillante mademois**elle** Irma!

77ᵉ LEÇON. — **2°** REMARQUE : — **EL**, — **L** A LA

FIN DES MOTS MASCULINS EN **EL**, *ou* :

= *Dieu seul est éternel.*

Dans *tous* les exercices de cette 77ᵉ leçon, mettre *m* sous les mots masculins en *el*.

100ᵉ Copie. — **1°** Le cruel, le fratricide Caïn,

animé d'une rage jalouse, a massacré le juste Abel au milieu d'une campagne déserte; quel barbare mortel! — Le sel marin se prépare par l'évaporation. = 2° Michel, servez-nous quelques rayons de ce miel naturel. — Le castel de Marcel a été visité par de spirituels ménestrels. — Ismaël est le père de douze tribus d'Arabes. — Ah! quel énorme scorpion!

106e Thème et 107e.

1. Son castel est démoli,   ses c—s—d—.
   Quel énorme scalpel!   qu—é—s—!
   Quel volumineux manuel!   qu—v—m—?

2. Votre neveu est spirituel,   vos n—s—s—.
   Cet industriel est probe,   ces in—s—p—.
   Quel dégel continuel!   qu—d—c—!

Ainsi que vous le voyez dans Dieu est éternel, Michel, *etc.* : On met presque toujours el à la fin des mots masculins en *el*.

103e Dictée. — 1° Daniel livré à des lions a été épargné par eux. — Des anxiétés pénibles dans la veille, des songes épouvantables, un réveil agité, voilà la punition du criminel. — L'ange Gabriel a parlé à la Vierge, mère de Dieu. = 2° Dans vos prés artificiels, cultive-t-on l'avoine, le trèfle? — Noel, l'abeille compose son miel de la substance la plus savoureuse des productions odorantes. — Salomon a gouverné Israel près de quarante ans.

78e LEÇON. — RÉCAPITULATION DE EL FINAL.

Dans *tous* les exercices de cette 78e leçon, mettre *m* ou *f* sous les mots en *elle* ou en *el*.

101e Copie. — **1°** Ma Gabrielle, écoute-moi : Termine par **el** les mots masculins en **el**, tels que : Un dégel, le pastel; un scalpel; le pluriel; le sel; un cartel; le caramel; cela est réel; Marcel est-il cruel? — Noel est spirituel, etc., etc. = et **2°** Écoute-moi bien : Termine par **elle** les mots féminins en **elle** : Une crécelle; quelle belle truelle; la selle; la demoiselle; cette nouvelle est réelle; la vieille Pernelle, la jumelle d'Isabelle, est spirituelle, etc., etc.

104e Dictée. — **1°** Quelle extravagance! mon neveu Marcel est sorti avec Daniel par cet exécrable dégel! — Vous croyez, Isabelle, que le soleil se lève et qu'il se couche? détrompez-vous, ma belle demoiselle. = **2°** Ce n'est pas dans l'Archipel qu'on trouve les requins voraces et cruels. — Quelle mouche vous a piqué, mon Gabriel? Une mouche à miel! Calmez-vous, mademoiselle Marcelle vous soignera.

105e Dictée. — **1°** Quelle satisfaction la sagesse procure! — Abel, laquelle de ces deux dames trouvez-vous la plus belle? Je les trouve fort belles toutes les deux, mademoiselle; et quels beaux cheveux, et quelle noble démarche! = **2°** Ma Gabrielle, quelles belles, quelles élégantes et légères demoiselles! quels superbes papillons sur ce bel arbuste! — Isabelle, voulez-vous une tartine de miel, ou de la mirabelle confite ?

———

79ᵉ LEÇON. — 3ᵉ REMARQUE : **AL,** — **L** A LA
FIN DES MOTS MASCULINS EN **AL,** *ou* :

= *Le cheval est un noble animal.*

Dans *tous* les exercices de la 79ᵉ leçon, mettre *m* sous tous les
mots masculins en *al.*

102ᵉ Copie. — **1°** Daniel fera un pareil régal dans le carnaval. — Le piédestal de votre Diane chasseresse est colossal. — Mon ami Vital, retenez bien ceci : On a partagé autrefois tous les êtres en trois règnes : le règne animal, le règne végétal et le règne minéral. = **2°** Mangerez-vous des oranges de Malte, ou des oranges de Portugal? — L'orignal est l'élan du Canada. — Vous avez mal aux jambes, Pascal; marchez, courez, cela vous guérira. — Le tigre royal est magnifique ! — Irez-vous au bal, ma Gabrielle?

Ainsi que vous le voyez dans un cheval, un animal, *etc.* :
Les mots masculins en *al* se terminent en général par *al* sans
e muet.

106ᵉ Dictée. — **1°** Le mal moral est le plus grave. — La tige est le canal par lequel la sève monte dans les branches et les bourgeons des plantes, des arbres, du végétal enfin. — Quel énorme bocal ! = **2°** Le cheval redoute l'éperon. — Le cristal de roche est le cristal naturel, mais il y a du cristal factice. — Que voilà un ridicule original ! En général, ils sont bien ridicules les originaux !

80ᵉ LEÇON — 4ᵉ REMARQUE : — PLURIEL DES MOTS EN **AL**, *ou* :

= *Vôtre cheval est plus vif que mes chevaux.*

Attention, amis! et retenez bien ce que je vais vous dire :

Presque tous les mots qui finissent au singulier en AL finissent au pluriel en AUX.

103ᵉ **Copie.** — 1° Un canal latéral longe la Marne, mais ce n'est pas un canal principal ; les principaux canaux qui sont la richesse de la France sont les canaux de Bourgogne, du Midi, de Digoin, de Briare, etc. = 2° Un quintal pèse cent livres ; or deux quintaux, deux cents livres. — Le singe est quelquefois un animal nuisible ; les mandrils, les papions, les babouins sont les plus brutaux et les plus féroces des animaux de la famille des singes.

108ᵉ Thème et 109ᵉ.

1. C'est le local principal,	ce sont les locaux principaux.
Son bocal est colossal,	ses b—s—c—.
Leur journal est original ;	leurs j—s—o—.
2. Un caporal brutal,	quatre-vingts c—b—.
Le canal transversal,	quatre-vingt-dix c—t—.
Leur tribunal féodal,	leurs t—f—.

107ᵉ **Dictée.** — 1° Que ce général est loyal !

en général les généraux sont loyaux. — Le platine est un métal assez rare : on retire tous les métaux de l'intérieur du globe. — Il y a dans l'Amérique un nombre considérable de métaux et de minéraux. = 2° Les principaux organes du végétal sont la racine, la tige, etc. — Le singe, comme les chevaux, la girafe, etc., mange des végétaux ; ces animaux sont frugivores : mais la louve mange d'autres animaux ; elle est carnivore.

108° **Dictée.** — 1° L'Inde est riche en productions naturelles rares et curieuses : en minéraux et en métaux précieux ; en végétaux utiles : céréales, bambous, etc.; enfin, en animaux curieux : zébus, vampires, tigres royaux, etc. = 2° Conserverez-vous vos prunes dans ces bocaux gigantesques, colossaux? — Dans les végétaux, les oignons sont toujours des bourgeons radicaux. — L'uniforme des maréchaux et des amiraux est très-riche, celui des caporaux est simple.

81° LEÇON. — 5° REMARQUE ; **SON** ET **SONT,** *ou :*

= *Anatole tire un agréable* **son** *de* **son** *violon, mais non des violons qui* **sont** *ici.*

Dans *tous* les exercices de cette 81° leçon, mettre *s* sous le mot *son* substantif, — *a* sous le mot *son* adjectif, — et *v* sous le verbe *sont.*

104° **Copie.** — 1° Votre âne mangea tout le **son** de Martin, **son** compagnon ; mangera-t-il donc le **son** de tous les ânes qui **sont** ici ? — Le **son** du violon d'Alexandre est agréable, mais les **sons** de **son** piano **sont** peu mélodieux. = 2° Que le soleil brille, qu'il nous montre **son** disque de pourpre ; ses rayons **sont** magnifiques. — Demandez à l'institutrice de Fernande qu'elle montre sur la carte, à **son** élève et aux compagnes de **son** élève, où **sont** les Sporades.

Remarquez-le bien, enfants : **Le mot SON s'écrit par SON quand il est un substantif ou un adjectif singulier.**

Le mot SON s'écrit par SONT quand il est un verbe pluriel. (*Vous l'avez appris déjà,* voir page 91.)

109ᵉ **Dictée.** — **1°** Luce, chacun des animaux a **son** organisation propre ; tous **sont** créés chacun selon sa fin particulière : c'est pourquoi la vipère rampe, le poisson nage, le serin vole, le cheval marche. — Quel **son** charme donc nos oreilles ? = **2°** Ah ! Maximin qui a demandé ce matin à **son** oncle si les îles Féroé **sont** dans la Manche ! — Octobre est venu, les arbres **sont** dépouillés ; pas un d'eux ne nous procure **son** abri contre les rayons du soleil. — Portez ce **son** à l'âne Martin !

====

82ᵉ LEÇON. — 6ᶜ REMARQUE : — QUELQUES MOTS
DU VERBE **ÊTRE**.

Enfants : **Le mot SON écrit par SONT dépend**

du verbe *être;* — il y a beaucoup d'autres mots
qui dépendent du verbe *être* : je vais placer ici
ceux qu'on a le plus souvent besoin d'écrire,
vous les copierez trois fois.

Dans *tous* les exercices de la 82ᵉ leçon, mettre *v* sous chaque mot
du verbe **être**.

105ᵉ Copie.

Je **suis** sage.	**Suis**-*je* sage ?
Tu **es** docile.	**Es**-*tu* docile ?
Il **est** loyal, ou *elle* **est** loyale.	**Est**-il loyal ? *ou* **est**-elle loyale ?
Nous **sommes** sages.	**Sommes**-*nous* sages ?
Vous **êtes** dociles.	**Êtes**-*vous* dociles ?
Ils **sont** loyaux, ou *elles* **sont** loyales.	**Sont**-*ils* loyaux ? *ou* **sont**-*elles* loyales ?

Vous pouvez remarquer que :
Après tout mot du verbe **être** on peut placer un **adjectif**.

106ᵉ Copie. — **1°** Lorsque *je* **suis** sage, ne
suis-*je* pas chéri de maman ? — *Tu* **es** bien souvent sage, toi ; mais Gabriel, *il* l'**est** toujours,
imite-le ; et n'**es**-*tu* pas choyé de tous quand *tu*
es bon ! = **2°** *Nous* **sommes** à la fin de notre
tâche, et *vous* n'**êtes** encore qu'à la moitié de la
vôtre : vos travaux **sont**-*ils* plus considérables
que les nôtres, ou **sommes**-*nous* plus vifs que
vous ?

107ᵉ Copie. — **1°** Si *tu* **es** sage, Noel, ton
papa t'achètera un jeu de quilles d'ébène. — Les
vertus **sont** plus précieuses que les perles et les

rubis, n'est-*ce* pas, Alice? = **2°** Si *vous* **êtes**
curieuses, mes filles, chacun se cachera de vous.
— **Suis**-*je* assez sage, maman? n'**es**-*tu* pas
fière (1) de ta Blanche? — Qu'**est**-*ce* qu'on fabrique avec de l'amiante?

110° Dictée. — **1°** *C'***est** Dieu qui a prononcé
cette parole : *Je* **suis** celui *qui* **est.** — Si *tu* **es**
désobéissante (1), Alicia, ta maman se fâchera
contre toi; et n'**es**-*tu* pas contente lorsqu'elle te
caresse? = **2°** Ah! maman, *nous* **sommes** tombés sur le sable! voyez toutes ces égratignures!
— Pourquoi ces larmes? *vous* n'**êtes** pas courageux : vos *cousins*, Ignace et Simon, **sont** bien plus
courageux que vous.

111° Dictée. — **1° Es**-*tu* décidé à bien écrire
ce matin, Eugène? — **Sommes**-*nous* joyeux!
notre oncle *qui* **est** colonel! — Madame, n'**êtes**-
vous pas la marchande de macarons? Où **sont**-
ils, vos macarons? tenez, voilà mes deux sous!
= **2°** Ne t'**es**-*tu* pas bien réjoui, Firmin, à la campagne? Oh! oui, mes amis, *vous* **êtes** bien bons,
vous qui m'y avez mené! N'**est**-*ce* pas, André, qu'*ils*
sont bien bons mes amis?

---

(1) *Remarquez-le :*
Tous les adjectifs féminins finissent par un **e** muet.

83ᵉ LEÇON. — 7ᵉ ʀᴇᴍᴀʀQᴜᴇ : — ᴘʟᴜʀɪᴇʟ ᴅᴜ ᴠᴇʀʙᴇ **A,** *ou :*

= *Daniel* **a** *prié Dieu, et les lions l'***ont** *épargné.*

Écoutez bien ! **On écrit par ONT le verbe pluriel (qui s'écrit au singulier par A).**

108ᵒ Copie. — **1ᵒ** Zémire **a** glapi, aussitôt mes deux bouledogues **ont** aboyé. — La négresse, comme le nègre, **a** la figure noire; et tous les nègres **ont** les cheveux crépus. — Le cheval **a** quatre jambes. Combien deux chevaux **ont**-ils de jambes? = **2ᵒ** Constance, votre savon **a** été fabriqué avec de la soude; cette soude **a** pu être produite par la combustion de végétaux qui **ont** crû sur des roches sous-marines, et qui **ont** été jetés sur nos côtes par les vagues de l'Océan.

110ᵉ Thème et 111ᵉ.

1. Un cheval **a** une bouche, et deux oreilles,
Or trois ch—**ont**... et—.
Le tigre n'**a** pas une bouche, il **a** un mufle,
Deux t— n'**ont** p—deux b—, ils **ont** deux m—.

2. Mon frère **a** une lourde gibecière,
Mes f—... deux l—g—.
Mon âne **a** quatre jambes,
Or deux â—... etc., trois â—... etc.
Mon oncle **a** achevé son voyage,
Mes onc—... achevé leurs v—.

112ᵒ Dictée. — **1ᵒ** Une mouche à miel **a** montré sa petite trompe : elle **a** sucé nos jasmins d'Espagne, et puis elle **a** piqué les lèvres d'Ernestine; mes cousins **ont** poursuivi l'animal importun, et ils l'**ont** éloigné de nous. = **2°** Les Chinois **ont** une figure grotesque, ils **ont** aussi une mise originale; ce sont les Chinois qui **ont** fabriqué les deux jolis vases que vos oncles **ont** achetés. — Les naturels de l'Amérique **ont** le visage rougeâtre et non rosé.

113ᵉ Dictée. — **1°** Autrefois les Persans idolâtres **ont** cru des dieux le Soleil, la Lune, les astres, etc.; d'autres nations **ont** adoré des plantes, des oignons, des animaux stupides, des bêtes répugnantes même. = **2°** Les naturalistes **ont** rangé toutes les créatures de l'Océan sous quelques dénominations générales; ils **ont** les poissons, les cétacés, etc. — Nos compatriotes **ont** porté leurs armes victorieuses dans toute l'Europe, en Afrique, et même en Amérique.

84ᵉ LEÇON. — 8ᵉ REMARQUE : — **ON** ET **ONT,**
ou :

= **On** *a toujours béni ceux qui* ont *secouru*
les infortunés.

Dans *tous* les exercices de cette 84ᵉ leçon, mettre *s* sous le substantif (ou pronom) *on*, — et mettre *v* sous le verbe *ont*.

109ᵉ Copie. — **1° On** se moque toujours de ceux *qui* **ont** de la vanité. — Michel demande qu'**on** lui explique les propriétés des simples *qui* **ont** crû ici, et la nature des minéraux *qui* **ont** été tirés de nos montagnes. = **2° On** a toujours mal parlé de ceux *qui* **ont** refusé quelques sous aux infortunés, et l'**on** a flétri leur avarice. — Que ces *roses* **ont** de jolis boutons, **on** ne les admire pas assez ! — **On** a distribué des livres superbes à tous les élèves *qui* **ont** très-bien travaillé.

Enfants, attention ! **On écrit par ON le mot qui fait penser à quelqu'un** (il est alors substantif (ou pronom). — *Mais :*

Le mot ON s'écrit par ONT quand il est un verbe pluriel. (*Vous l'avez appris déjà;* voir page 115.)

114ᵉ Dictée. — 1º Les Incas sont les princes et les rois que nos *pères* **ont** trouvés dans le Pérou. — **On** vous demande, Isabelle, quels sont les deux rois de France *qui* **ont** gagné le plus de batailles, **on** désire que vous le disiez à votre cousin Abel. = **2º** Mes *frères* **ont** été au Jardin-des-Plantes avec tous les élèves qu'**on** a trouvés assez sages. — **On** a mesuré la distance que les planètes et les *astres* **ont** entre eux; elle est énorme. — **On** m'assure que les Chinois **ont** devancé les nations modernes pour la boussole, la poudre à canon, etc.

85ᵉ LEÇON. — 9ᵉ REMARQUE : — QUELQUES MOTS DU VERBE **AVOIR.**

Le mot ON écrit par ONT dépend du verbe *avoir :* il y a beaucoup d'autres mots qui dépendent du verbe *avoir;* voici ceux qu'on a le plus souvent besoin d'écrire, copiez-les trois fois.

Dans *tous* les exercices de cette 85e leçon, mettre *v* sous chaque mot du verbe *avoir.*

110e Copie.

*J'*ai	deux jonquilles superbes,	(ai-*je?*)
Tu as	une vieille vielle,	(as-*tu?*)
Il a	trois chevaux à bascule;	(a-t-*il?*)
Nous avons	un joli quinconce,	(avons-*nous?*)
Vous avez	un bel arbre,	(avez-*vous?*)
Ils ont	une belle pelouse.	(ont-*ils?*)

Remarquez bien que :

Après un mot du verbe **avoir** on peut toujours placer un **substantif.**

111e Copie. — 1° Mon oncle, *j'*ai acheté ce matin les quatre pigeons que *tu* **as** vus, mon bon *papa* l'**a** bien voulu. ═ 2° *Nous* **avons** tressé nous-mêmes, Isabelle et moi, ces guirlandes de roses pour ma mère; *vous* **avez** vu combien *elles* lui **ont** été agréables. ═ 3° Qu'**ai**-*je* aperçu? des billes d'agate! — Qu'**as**-*tu* vu à la foire, Pascal? Des danseuses de corde. T'**ont**-*elles* amusé? Non, elles sont sales! *elles* m'**ont** bien déplu. — Qu' **avons**-*nous* négligé pour vous? de quoi **avez**-*vous* manqué?

115e Dictée. — 1° *J'*ai lu que les *Incas,* princes du Pérou, **ont** adoré le Soleil. — Si *tu* **as** soif,, *tu* n'**as** qu'à boire de cette orangeade. — Maman, *nous* **avons** semé de la mignardise dans notre jardin, comme *vous* l'**avez** désiré; mes *cousins* nous **ont** désigné la place. = **2°** **As**-*tu* servi le café, Simon? Oui, madame. — Qu'**avez**-*vous*, Béatrice et Geneviève? vous êtes tristes! Oh! ma chère Anna, *nous* **avons** bien du chagrin, papa partira Lundi pour l'Afrique. — **T'ai**-*je* assez remercié, mon oncle, des jolis sabres que *tu* m'**as** achetés?

FIN DE LA DEUXIÈME SECTION
ET DE LA PREMIÈRE PARTIE DE L'ORTHOGRAPHE D'USAGE.

SECONDE PARTIE

MOINS ÉLÉMENTAIRE QUE LA PREMIÈRE

TROISIÈME SECTION

VOYELLES

ACCOMPAGNÉES DE LETTRES MUETTES OU NULLES

(*Voir* l'AVIS TRÈS-ESSENTIEL, page 6.)

DES VOYELLES

ACCOMPAGNÉES DE LETTRES MUETTES OU NULLES

LEÇON PRÉPARATOIRE

Écoutez bien, mes petits enfants :

Il y a des mots qui ne sont ni des substantifs, ni des adjectifs, ni des verbes; on les appelle **invariables**; — or :

L'invariable est un mot qui n'est ni substantif, ni adjectif, ni verbe.

Les mots qui ne sont ni substantifs, ni adjectifs, ni verbes sont appelés INVARIABLES parce qu'ils ne peuvent pas s'écrire au pluriel; — **enfin** parce qu'*ils ne changent jamais* d'orthographe, qu'*ils ne varient pas.*

EXERCICES. — Faire copier les phrases qui suivent, et y faire mettre *inv.* sous chaque mot *invariable*.

Qui *de* vous a été *à* Rome ? — La vigne qui est *là* est la mienne. — Mes fils sont grands *comme* des chênes. — Avez-vous vu *souvent* des météores *dans* le ciel ? — J'étudie *pour* m'instruire. — Faisons une promenade *en* batelet *sur* la Seine.

L'élève doit maintenant faire des verbes entiers ; il en trouvera les modèles dans : *Éléments de Grammaire pratique pour les enfants de 7 à 9 ans,* par Madame Charrier, pages 42, 54, etc.

86e LEÇON.

ou : **L'amiral** *a visité* **le Havre.**

Dans les copies qui vont suivre, jusqu'à la **121e**, mettre *inv.* sous chaque invariable.

112e Copie. — 1° Ambroise, lorsque tu as

visité le **Havre**, as-tu bu de la bière ou de l'ale? — Nous avons lu dans la Bible qu'un roi des Juifs a dansé, et joué de la **harpe**, devant l'arche. = **2°** Septime, vous ne trouverez pas d'abri sur ce chemin **de halage,** ne le suivez pas. — Nous nous sommes bien régalés, **mes** amis et moi, nous avons mangé **des** halbrans (*jeunes canards sauvages*).

112e Thème.

Copier ce qui est au singulier, — écrire une phrase analogue en mettant au pluriel les substantifs, les adjectifs et les verbes,

L'arbitre a estimé fort (invar.) peu (invar.) **ta haridelle** vieille et boiteuse,

Les arbitres ont estimé fort (1) peu (1) *les* **h—v—et b—.**

L'active fermière a vu le lapin et **la hase** de mon ami,

Les a—f— ont vu les...

Comme vous le voyez dans le Havre, la hase, la harpe, *etc., etc. :* On écrit le son *a* par h a au commencement des mots lorsque devant ce son *a* on doit écrire et prononcer *le* ou *la* (au lieu de *l'*), etc.; — et lorsqu'on ne peut pas faire sonner sur l'*a* la *consonne* qui termine le mot précédent.

REMARQUE GÉNÉRALE. — Lorsque devant un mot commençant par une voyelle on ne peut faire sonner **t,** **s,** etc., qui termine le mot précédent, — et lorsqu'on y doit écrire **le, je, te,** etc., en entier, — on met toujours avant la voyelle un **H** (dit aspiré).

116e Dictée. — 1° Lorsque tu as été dans l'Amérique, as-tu visité le **Havre?** es-tu parti du Havre? — Avec quelle satisfaction l'active fourmi transporte son butin, comme elle **se** hâte! = **2°** Mes amis, ne méprisez jamais ceux que vous voyez hâves et timides sous **les** hail-

----

(1) Rappelez-vous toujours que :
L'*invariable* ne prend jamais la marque du pluriel, qu'il ne change jamais d'orthographe.

lons de la misère ; mais distribuez **à** ces infortunés **des** hardes propres, et le bon Dieu vous
bénira.

87ᵉ LEÇON.

§ Iᵉʳ, *ou : Victorine* a (avait) *un camail* à (1) *la
mode,* — *mais mes filles n'*ont *pas de camails*
à (1) *la mode.*

113ᵉ Copie. — **1°** Zizi *a* (*avait*) mangé toute
la crème qu'on avait promise à ma Gabrielle,
ces verges l'ont puni. — Justine *a* travaillé à la
clarté de la lampe, parce qu'elle n'*avait* pas travaillé à la lumière du Soleil. = **2°** Mon oncle *a*
(*avait*) récolté du café à Bourbon et à la Martinique, îles de l'Afrique et de l'Amérique ; ses
nègres ont travaillé avec zèle, à ce qu'on m'*a*
(*avait*) assuré.

113ᵉ Thème.

Copier la phrase au singulier, — puis écrire une phrase analogue
au pluriel.

Mon frère *a* (*avait*) traversé cette rivière à la hâte,
    Mes frères *ont* traversé ces—   à la hâte.
Quelle âme charitable *a* parlé à cette petite hargneuse ?
    Quelles â—   *ont* parlé à c—?

Ainsi que vous le voyez dans Victorine a un camail à la mode, *etc. :*
Le mot **à** invariable s'écrit avec un accent grave (1).

117ᵉ Dictée. — **1°** Le général *a* (*avait*) mené

---

(1) REMARQUE. — *à* est un mot invariable lorsqu'on ne
pourrait pas le remplacer par *avait,* — ou par *ont,* — en mettant la
phrase au pluriel.

ses troupes à l'armée, elles y ont déployé de la hardiesse. = La détresse de Robinson dans son île *a* (*avait*) été la juste punition de sa désobéissance à la volonté paternelle. = **2°** Une dame charitable *a* (*avait*) distribué des chemises et des bas à une multitude d'infortunés. — Mon Dieu, conservez la santé à papa, à maman, à mes frères et à tous mes amis.

---

§ II, *ou :* La *chèvre est par* là (1), — *Quoi!* les *chèvres sont* là? — *déjà* ?

114ᵉ Copie. — **1°** Regardez longtemps, vous apercevrez là *la* plus brillante des étoiles de *la* Grande-Ourse. — Écoutez bien, Gustave, le caporal va dire à *la* patrouille : Halte-là ! = **2°** Lise, cette rose-là s'épanouira-t-elle davantage? regarde-*la*, elle est déjà magnifique. — Admirez *la* merveilleuse agilité avec laquelle ces chèvres-**là** ont gravi les monticules élevés que voilà à votre droite !

Remarquez que :
On met toujours un tiret entre le substantif et l'invariable *là.*

114ᵉ Thème.

Copier ce qui est au singulier, — écrire une phrase analogue au pluriel.

J'ai visité hier (invar.) *la* ferme qui est **là,** celle-**là,**
    Nous avons hier visité les f— qui...
Il a mal (invar.) prononcé cette harangue-**là,**
    Ils ont m— prononcé c—.

---

(1) **REMARQUE.** — Le mot *là* est un invariable lorsqu'on ne pourrait pas le changer en *les* en mettant la phrase au pluriel.

Ainsi qu'on peut le remarquer dans la chèvre est par là, les chèvres sont là, *etc.*, *etc.* :

Le mot là invariable s'écrit avec un accent grave.

On met également l'accent grave sur l'a de *voilà*, de *déjà*.

118ᵉ Dictée. — 1° Quelle est cette vieille qui se promène là? C'est *la* mère Simon. — Abel, pourquoi, deux fois déjà, t'es-tu hasardé sans ton père dans ces lieux-là? = 2° *La* rivière est dangereuse, évite-*la* toujours. — C'est cette corneille-là qui voltigea sans cesse sur *la* charmille que voilà; elle a croassé là bien longtemps, nous en sommes assourdis; chassez-*la*.

88ᵉ LEÇON.

§ Iᵉʳ, *ou* : *Papa, ne lâche pas ma colombe !*

Écoutez, mes petits enfants : *Si vous faites attention à la manière dont vous prononcez l'*a *dans* : Papa, ne lâche pas ma colombe, *vous vous apercevrez bien que vous prononcez d'une certaine manière l'*a *de papa et de ma*, — *et d'une autre manière l'*a *de lâche, et celui de pas;*

Hé bien !

L'*a* de papa, ma, etc., etc., est appelé **a fermé**; — l'*a* de lâche, de pas, etc., est appelé **a ouvert**.

Dans les copies, les dictées, les thèmes qui vont suivre faire distinguer les **a** *fermés* et les **a** *ouverts*.

115ᵉ Copie. — Ma petite Noémi, vous fâcherez tous vos amis si vous êtes hargneuse, insociable. — Lâchez la bique, elle ira jusque-

là, — Tâche de ne pas nuire à tes frères. — Gâchez cette poussière blanche, elle se transformera en une masse solide.

115ᵉ Thème.

Copier ce qui est au singulier, — écrire une phrase analogue au pluriel.

Que tu es **lâch**e! as-tu donc une t**âche** si pénible?
Que vous êtes l—! avec-vous donc d—?
Mon ami, mange cette salade de m**âch**es,
Mes a—, mangez c—.

Comme vous le voyez dans lâche, fâcherez, *etc., etc.*
L'*a* qui se prononce très-ouvert s'écrit par **â**, avec l'accent circonflexe, avant *ch.*

119ᵉ Dictée. — Dans l'Inde, on mâche du bétel. — Que ces routes sont **gâch**euses! tâchez d'en suivre de plus sèches. — Flore, l**âch**ez cette corbeille, et ôtez la tache que voilà à votre robe. — Mon ami, vous limerez toutes mes g**âch**es et tous mes pênes.

_____

§ II, *Ah! câline, ce râble n'est pas pour toi!*

116ᵉ Copie. — Les animaux ne sont pas, comme nous, défigurés par le h**âle**. — On a tué beaucoup de r**âle**s rouges près de la rivière qui coule là. — Sara, méfiez·vous des c**âl**ins et des c**âl**ines, comme des h**âb**leuses. — On fabrique des c**âb**les en métal.

116ᵉ Thème.

Copier ce qui est au singulier, — écrire une phrase analogue au pluriel.

Tu es bien (invar.) p**âle**, ma fille, es-tu malade?
Vous êtes b—?

Madame, que votre châle rouge est donc joli!

    Mesdames, que v—!

Ainsi que vous le voyez dans câline, râble, *etc.* :
L'*a* qui se prononce *très-ouvert* s'écrit généralement par â, avec
l'accent·circonflexe, avant *l, bl,* etc.

120ᵉ Dictée. — Nos troupes ont déployé
partout un mâle (1) courage. — Le hâle a flétri
les foins que voilà, et il a pâli vos roses. — Que
préférez-vous? les râbles de lièvre, les halbrans,
ou les canetons domestiques? — Tu es pâle,
Noémi, croise ton châle.

---

§ III, *ou : Quel énorme bâton porte ce pâtre!*

117ᵉ Copie. — Combien l'artisan se hâte
lorsque sa famille a besoin de son travail! —
Limousin, gâche ton plâtre! — Un pâtre, devenu roi d'Israel, a composé ces admirables Cantiques que l'on chante à vêpres. — Oh! les
brillantes étincelles! votre âtre est tout en feu.

117ᵉ Thème.

Copier ce qui est au singulier, — écrire une phrase analogue au
pluriel.

Admire le riche pâturage, et le pâtre que voilà,
    Admirez l—.
Le légume bâtif est souvent insipide, ne hâte rien,
    Les l—,   hâtez r—.

Comme on le voit dans bâton, pâtre, *etc., etc.* :
L'*a* qui se prononce *très-ouvert* s'écrit en général par â, avec
l'accent circonflexe, avant *l.*

---

(1) Remarquez que l'*a* est ouvert dans *mâle, hâle, châle,* etc., et
que ces mots ne doivent ni se prononcer, ni s'écrire comme *cheval,
journal, bal,* etc.

121e Dictée. — Avez-vous visité la manufacture des Gobelins? Oui, mais à la hâte. — Qui bâti si lâche le corsage d'Élisa? — Les Israélites ont été captifs chez des nations idolâtres. Jetez ces groseilles rougeâtres; vous le voyez, elles ne sont pas mûres.

89e LEÇON.

§ Ier, *ou : Lucas a porté cet échalas, il est las.*

118e Copie. — 1° Vous ne ferez pas le mal, Dieu vous regarde! — Nicolas, il y a de bien magnifiques chevaux dans le haras du roi. — Prenez votre canevas, Alexandrine, et marquez-moi ce bas. = 2° Ah! que voilà un matelas mal cardé! — Colas, regardez la petite Adeline, elle se balance sur son siège; et puis, patatras! voilà mademoiselle Adeline à bas!

118e Thème.

Ménage les deux pointes de mon compas (1),
    Ménagez les huit — de mes quatre c—.
Coupe ton ananas avec ce coutelas,
    Coupez v—.

Comme on le voit dans Lucas, lilas, las, pas, *etc., etc. :*

Le son *a très-ouvert* s'écrit presque toujours par **as** à la fin des substantifs, des adjectifs, et des invariables.

122e Dictée. — 1° Chacun se trompe ici-bas. — Madame Lebas a une superbe robe en damas. — Si vous êtes sage, Nicolas, vous ne

---

(1) Voyez la remarque en note, page 42.

vous hasarderez **pas** sur la grande route par ce **verglas**. = **2°** Mais voyez donc **Lucas**, qu'il a grandi! il est comme un énorme **échalas**! — Les Andes ou Cordilières, en Amérique, sont toujours couvertes de **frimas**.

§ II, *ou : Tu préféreras Dieu à tout !*

119° Copie. — **1°** Ami, tire-moi du péril, *tu* **feras** après cela ta harangue. — Noel, *tu* ne **désobéiras** jamais à ta mère, *tu* **tâcheras** de lui être agréable en tout. — Aglaé, *tu* **étudieras** la loi de Dieu. = **2°** Voici les préceptes de la loi divine : *Tu* **adoreras** un Dieu unique, *tu* l'**imploreras** et (*tu*) l'**invoqueras** dans tous tes besoins, *tu* lui **obéiras**... *Tu* **écriras** la suite demain.

Vous le voyez dans tu préféreras, tu feras, *etc., etc. :*
On écrit le son *a* par **as** à la fin des verbes joints à *tu*.

123° Dictée. — **1°** *Tu* ne **jugeras** point, *tu* ne **porteras** point de témoignages contre la vérité, *tu* **respecteras** ton père et ta mère, *tu* **conserveras** la sagesse, enfin *tu* **suivras** toujours les lois de la vertu. = **2°** Lorsque *tu* te **promèneras** près des canaux, **marcheras**-*tu* sur le chemin de halage? — Albertine, *tu* ne **seras** jamais acariâtre avec les domestiques. — *Tu* **respecteras** la vieillesse.

90° LEÇON.

§ Iᵉʳ, *ou : Tout soldat aspire au...*

120° Copie. — Le prélat qui est archevêque

de Tolède s'intitule primat d'Espagne. — Ceux qui ont changé leur religion pour les lois du Coran sont de lâches apostats, des renégats indignes. — Que de vaillance dans nos soldats !

119ᵉ Thème.

Tu porteras cet ananas à mon cousin le magistr**at**,
    Vous p—.
Un calf**at** a bouché le trou de mon navire,
    Des c—.

Vous le voyez par les mots soldat, apostat, *etc., etc. :*
On écrit le son *a* par **at** à la fin des substantifs qui désignent un homme par le nom de sa dignité, de son état, etc.

124ᵉ Dictée.
— Émile, si vous restez dans l'ignorance, vous serez soldat ou pâtre; si vous travaillez avec courage, vous serez un avocat distingué, un digne magistrat, un général peut-être : choisissez!

§ II, *ou : Le soldat aspire au généralat...*

121ᵉ Copie.

A partir de cette 121ᵉ copie mettre *alternativement* dans chaque copie: — *s.* sous les substantifs; — *a.* sous les adjectifs; — *v.* sous les verbes; — *inv.* sous les invariables (à moins qu'une indication particulière ne vienne interrompre cette marche).

Le consulat, le proconsulat, le tribunat, le décemvirat, le triumvirat (1), ont été les premières dignités de la république à Rome. — C'est sous le pontificat de Léon X qu'on a élevé à Rome la superbe Basilique que tu y visiteras.

Remarquez-le dans généralat, consulat, *etc., etc. :*
On écrit le son *a* par **at** à la fin des substantifs qui désignent une dignité, un état.

---

(1) Prononcez : *décèmeviral, triomeviral.*

125ᵉ Dictée. — Des dignités de Rome ont existé en France : nos pères y ont vu le tribunat ; Napoléon Iᵉʳ a obtenu d'abord le généralat, puis le consulat, et ensuite la puissance impériale. — Vous êtes encore novice dans l'écriture, combien durera votre noviciat, ma Zoé ?

120ᵉ Thème.

On élèvera au doctorat mon cousin Anatole,
   On élèvera au doctorat mes deux c— Anatole et...
Le consulat est fort recherché,
   Les c—.

═══════

§ III, *ou : Le généralat ! quel beau résultat !*

122ᵉ Copie. — 1° Quelques ordres religieux se sont consacrés au rachat (1) des captifs. — Lorsque vous mêlez du rouge et du bleu, quel résultat (1) obtenez-vous ? = 2° Lucas fera un achat (1) considérable de rubans. — Anatole a visité avec son père les forçats au bagne de Toulon. — Quel est l'état (1) de Léon ?

121ᵉ Thème.

On exige de mon neveu un certificat (1) de capacité,
   On exige de mes n—   de capacité.
Ce livre est du format in-12,
   Ces l—   in-douze et in-8°.

Comme on le voit dans les substantifs un résultat, le rachat, *etc. qui viennent des verbes* résult-er, rach-eter, *etc. :*
   On écrit le son *a* par at à la fin des substantifs formés d'un verbe dont on a changé les dernières lettres (1).

──────────

(1) **Résultat** est formé du verbe *résult-er ;* — **rachat,** du verbe *rach-eter ;* — **achat** d'*ach-eter ;* — **forçat,** de *forcer ;* — **état** de *être ;* — **certificat,** de *certifier ;* — **format,** du verbe *former.*

126ᵉ Dictée. — **1°** Nos soldats (1) se sont toujours montrés braves et courageux. — Quel est le format (1) du livre que tu achetas, Nicolas ? = **2°** Ne ferez-vous pas l'achat (1) d'un livre avec vos quarante sous ? — Lorsque vous avez respiré longtemps du soufre, vous croyez que tout en est infecté, c'est votre odorat (1) qui vous trompe.

91ᵉ LEÇON.

ou : Je voudrais qu'Aglaé jouât moins, et (qu'elle) *travaillât davantage.*

123ᵉ Copie. — Je désirerais que mon père parlât à ce candidat au doctorat, et que vous lui *parlassiez* aussi. — Je voudrais bien que ma Blanche ne se vantât pas elle-même, pour que vous la *vantassiez*. — J'aimerais que Cécile me brodât des pantoufles, et que vous en *brodassiez* à votre mère.

122ᵉ Thème.

On désirerait que le général protégeât ce soldat, et...
 On désirerait que vous le p—aussi.
On voulait que la concierge fermât ce cadenas, et...
 On voulait que vous f—
Je voudrais que ma petite fille ne bâillât pas, et...
 ..... que vous ne b—pas non plus.

Comme vous le voyez dans qu'Aglaé jouât, qu'elle travaillât, *etc., etc.* :
On met **ât**, avec un accent circonflexe sur l'*a*, toutes les fois que

---

(1) **Soldat** est formé du verbe *solder;* — **format**, de *former;* — **achat**, d'*acheter;* — **odorat**, d'un vieux verbe *odorer.*

ât termine un verbe qui finirait en *assiez* s'il était joint à *vous*, (ou en *assions*, en *assent*, etc., s'il était joint à *nous*, à *ils*, etc.).

92ᵉ LEÇON.

ou : Vous fracassez tout chez moi, quel fracas !

Remarque générale. Lorsqu'un mot a quelque ressemblance de signification avec un autre mot, on met souvent *à la fin* une lettre qui indique cette ressemblance, et *qu'on entend* dans le mot le plus long.

Très-souvent on met également les mêmes lettres *au milieu* **de mots qui se ressemblent par le sens.**

124ᵉ Copie. — **1°** Grégoire, vous draperez la voiture de Madame du **drap** brun que voilà. — Maman est **lasse**, elle a voyagé depuis Lundi. — Si vous êtes **las**, reposez-vous; gardez mes vaches à ma place. = **2°** Le vin de Malaga est **stomachique**; buvez-en, vous guérirez votre mal d'**estomac**. — J'ai vu en Belgique des assiettes **creuses**, des assiettes **plates**, des **plats**, et toutes sortes de vases en métal.

Vous le voyez :
Le son *a* s'écrit par **as** à la fin des mots qui ressemblent à un mot où l'on entend un *s*;
Le son *a* s'écrit par **ap** à la fin des mots qui ressemblent à un mot où l'on entend un *p*;
Le son *a* s'écrit **ac**, par **at**, etc., à la fin des mots analogues à d'autres mots où l'on entend un *c*, un *t*, etc.

127ᵉ Dictée. — **1°** Portez à Fanchon ma chocolatière, elle me fera ce matin du chocolat. — Avez-vous remarqué les bas drapés de notre jardinière? —, On fabrique en France et dans la Grande-Bretagne du drap feutré. = **2°** L'avare **amass**e sou sur sou, et il garde tout pour lui. — L'**amas** du sable sur les côtes de l'Océan forme des monticules ou dunes. — Éclater de rire sans motif, rire aux éclats en société, ce sont deux marques de peu d'éducation.

93e LEÇON.

§ I*er*, *ou* : *On dit* : *Le* n*euf Avril, pour* : *Le* n*euvième jour d'Avril.*

125e Copie. — N'est-ce pas toi, Clotilde, qui (pour *tu*) as brodé le cabas n**euf** de ta mère? — Dans nos climats, la morsure de la couleuvre n'est pas dangereuse. — Je voudrais qu'on distribuât à tous ces infortunés des chemises blanches et des hardes n**euves**.

123e Th. Nicolas n'est-il pas v**euf**?
Lucas et Simon ne s—?
Tu trouveras dans la montagne la source de ce fl**euve**,
Tu trouveras dans l— de ces deux fl—.

Comme on le voit dans neuf, neuvième, *etc., etc.* :
L'e muet se peint très-souvent par **eu** avant un *f* ou un *v*.

128e Dictée. — Mon oncle est resté v**euf** avec une fille de n**euf** ans. — Mon ami m'assure que la v**euve** de Napoléon I*er* a épousé un simple général. — Michel, tu me feras la pr**euve** de toutes tes soustractions. — Certains fl**euves** ont des inondations périodiques.

126e Copie. (*Supplément.*) — Mon papa, Ambroise m'assure que tous les serins sont **ovipares**, que mon serin est sorti d'un **œuf**, est-ce la vérité ? — Ce qu'on range dans la race **bovine**, c'est le **bœuf**, la vache, etc. — L'**œuv**re d'un artiste se compose de tous ses **ouvrages**.

Vous le voyez :
On met **œu** (en place de *eu*) dans les mots qui ont un dérivé où l'on entend l'*o*. — Relisez la Remarque générale de la page 135.

---

§ II, *ou : Où la mouche a passé le moucheron*
*dem**eu**re.*

127e Copie. — **1°** Vous pl**eu**rez sans motif, séchez vite vos larmes ; je ne vou**drais** pas que mon Aline pl**eu**rât pour des bagatelles. — Êtes-vous p**eu**reuse ! vous fuyez pour un crabe ? = **2°** Voilà un melon tout m**eu**rtri ! tu l'as h**eu**rté (1), sans doute, ou la bâche a pesé dessus. — Où dem**eu**re votre avocat ?

124e Th. Voyez comme mon lilas a fl**eu**ri en Avril !
Voyez comme mes—l— fl**eu**ri en Avril !
Mon Dieu, que la hase est donc p**eu**reuse !
Mon Dieu, que les —!

Ainsi que vous le voyez dans dem**eu**re, pl**eu**rez, *etc., etc. :*
On met très-souvent **eu** avant un *r* pour peindre l'*e* **muet**.

129e Dictée. — **1°** Le lâche, le cruel, le barbare Caïn ne pl**eu**ra pas après le m**eu**rtre d'Abel ; il ne témoigna pas même de chagrin ! — Le chef des Apôtres a fixé sa dem**eu**re à Rome. =

---

(1) Voyez la Remarque générale, page 124.

2° Le petit Léon ne pleure jamais lorsqu'il tombe. — Ne t'élance pas par là, Lucas; ou tu te heurteras (1) contre la muraille, et tu te feras quelque meurtrissure.

§ III, *ou : Il n'y a plus une seule feuille sur ce peuple (ou peuplier).*

128ᵉ Copie. — **1°** Le chat a une gueule, le lion a une gueule, comme tous les carnivores; mais le cheval a une bouche, l'âne aussi. — Je suis sûre que ce hâle flétrira tout, jusqu'aux feuilles des arbres. = **2°** Qu'un aveugle ne conduise pas un aveugle! — Gustave, qu'as-tu vu à travers le feuillage? Est-ce un chevreuil, un écureuil? — Le peuple juif est dispersé sur toute la surface du globe.

125ᵉ Th. Le peuple a toujours jugé en aveugle,
Les p— jugé en a—.
Pourquoi mon bon ami est-il vêtu de deuil?
Pourquoi mes b—a— de deuil?

Comme vous le voyez dans seule, feuille, peuple, *etc., etc. :*
On met très-souvent **eu** pour peindre l'*e muet* avant *l, il, ill, bl, gl, pl,* etc.

130ᵉ Dictée. — **1°** Vous direz : La gueule d'un requin, la gueule du crocodile, et en général la gueule des poissons. — Lorsque tu liras bien, Alexandrine, tu t'amuseras toute seule. — Le feuillage de ce chêne est impénétrable aux rayons du soleil. = **2°** Tombez, feuilles légères :

(1) Voyez la Remarque générale de la page 124.

tombez, et jonchez le **seuil** de ma demeure. — Voyez cet av**eugle** qui se guide avec son bâton ! il marche avec sûreté, il ne se heurte pas : Dieu le garde.

════════

94ᵉ LEÇON.

§ Iᵉʳ, *ou : Quand* tu *te promè***nes**, *t'amuses-*tu *bien ?*

126ᵉ Thème et 127ᵉ.

1. Je *chante*, et *tu* chant**es**.

Je *danse*, et *tu* d—.

Je *pleure*, et *tu* pl—.

Je me *console*, et *tu* te—.

Je me *rogne* un ongle, et *tu* te r—l—.

2. Je me *coupe* un cheveu, et *tu* te coup**es** les ch—.

Je *plie* mon jupon, et *tu* pl—tes j—.

Je *joue* avec mon frère, et *tu* j—avec tes f—.

J'*éternue* souvent, et *tu* é—.

Vous le voyez dans tu te promè**nes**, *t'amuses-*tu? — je chante tu chant**es**, *etc. :*

On met **es** à la fin des mots de verbes qui sont joints à *tu*, (et qui finiraient par **e** s'ils étaient joints à *je*).

129ᵉ Copie.

Mettre *v* sous les verbes.

1° Lorsque *tu* travailles bien, *tu* éprouves de la satisfaction, n'est-ce pas? — Maman, que de fourmis sur le monticule où *tu* marches! — Caroline, *tu* n'étages pas assez ton châle, *tu* te hâtes trop. **= 2°** Désires-*tu* des figues, Nicolas? en voilà cinq. — Mon père, le magistrat que *tu* invites est donc ton ami? — Pendant que *tu* étudies ta fable *tu* regardes tout ce qui se passe, cela est mal. — Pries-*tu* Dieu chaque matin?

131ᵉ Dictée.— 1° Je désire que *tu* te promènes au Jardin-des-Plantes, et que *tu* visites les animaux rares. — Si *tu* plantes cet orme devant le seuil de la porte, tu te reposeras dans ta vieillesse à l'abri de son feuillage. = **2°** Ne pinces-*tu* pas de la harpe, ma tante? — Mon Gabriél, si *tu* n'écoutes pas les conseils de ton père, tu en seras fâché après. — Ne te hâtes-*tu* pas trop lorsque *tu* travailles?

---

§ II, *ou : Lorsque* nous *nous séparâmes.* — *pleurâtes*-vous?

130ᵉ Copie.

Mettre *v* sous les verbes.

1° Après l'ouragan, *nous* poursuivîmes notre voyage ; *nous* nous dirigeâmes vers la Martinique, mais *nous* hâtâmes ainsi notre perte, car bientôt *nous* échouâmes : depuis lors *nous* sommes dans cette île déserte. = **2°** *Vous* fûtes mal conseillé lorsque *vous* me désobéîtes. — Êtes-*vous* sage aujourd'hui, ma petite fille? — (*Vous*) Ne faites jamais à votre frère ce que vous ne voudriez pas pour vous.

Comme vous le voyez par nous nous séparâmes, vous pleurâtes, etc., etc. :

On termine par **es** le mot du verbe joint à *nous* et à *vous*, et qui finit par **mes** ou par **tes**.

132ᵉ Dictée. — 1° *Nous* sommes sages au-

jourd'hui, maman, nous mèneras-tu à la foire?
— *Nous* admirâmes en ces lieux l'éclat du soleil
à son déclin, et dans notre admiration *nous* nous
tûmes. = **2°** *Vous* êtes levé, débarbouillé,
vêtu; (*vous*) faites votre prière, Eugène. — *Vous*
dites, Émilia, que la couleuvre est venimeuse,
vous vous trompez. — Lorsque *vous* surprites la
curieuse Gertrude, ne lui fîtes-*vous* pas honte?

95e LEÇON.

ou : *La* terre *tourne,* *toutes les* planètes *tourn***ent.**

131e Copie.

Mettre *v* sous les verbes.

1° Les bœufs et les *vaches* beugl**ent**, les brebis et les *moutons* bêl**ent**, les *pigeons* roucou-
l**ent**, les *colombes* gémiss**ent**, les *poules* chan-
t**ent**, les *singes* cri**ent**; et mes amis? *ils* parl**ent**,
ils chant**ent**, *ils* ri**ent**;... *ils* cri**ent** aussi quelquefois. = **2°** Les *souris* mang**ent** tout ce qu'*elles*
trouv**ent**, mais les *chats* mang**ent** les souris. —
Voyez donc Antonin et Noel, comme *ils* se redres-
s**ent**, comme *ils* lèv**ent** la tête; *ils* ne regard**ent**
pas même ceux *qui* les salu**ent**. Fi! les vaniteux!

128e Thème.

L'*israélite* captive soupire, *elle* pleure,
    Les *israélites* captives soupir**ent**, *elles* pl—.
Son *cheval* arabe remue, *il* s'élance,
    Ses *ch*—.

Une petite *fille* pieuse n'oublie pas sa prière, *elle* prie,
    Les p—   leurs p—, *elles* p—.

Comme vous le voyez dans les planètes tournent, *etc.*, *etc.*

On écrit par **ent** l'e muet à la fin des verbes joints à un *substantif pluriel*, à *ils*, à *elles*, etc.

132e Copie.

Mettre *v* sous les verbes.

1° Les *chevaux* arabes cour**ent** vite. — Les *cochons* viv**ent** dans les étables. — Les *vignerons* plant**ent** la vigne; *ils* la soign**ent**, et *ils* récolt**ent** le vin. — Les *nègres* peupl**ent** une grande portion de l'Afrique, je voudrais qu'on me désignât tous les lieux où *ils* se trouv**ent**. = **2°** Il y a des animaux qui n'ont ni jambes, ni nageoires, et *qui* cependant avanc**ent** avec rapidité, (*qui*) mont**ent** aux arbres, et (*qui*) nag**ent** dans les ondes ; ce sont les reptiles.

129e Thème.

L'*écolière* paresseuse ne termine pas sa tâche,
    Les é—   leurs t—.
Une jeune *fille* soigneuse ne se tache pas,
    Les j—.
Ce joli *jeu* m'amuse beaucoup,
    Ces j—.

133e Dictée. — **1°** Maman, les *poules* chant**ent**. *Elles* pond**ent** sans doute, ma fille. Ah! voici des poules *qui* se promèn**ent**, *elles* s'avanc**ent** jusqu'à nous; *elles* nous demand**ent** leur orge peut-être? = **2°** Voyez les poules *qui* se disput**ent** l'orge; *elles* se poursuiv**ent**... que d'avidité lorsqu'*elles* l'aval**ent**! mais que veulent-

elles donc encore? *elles* cherch**ent** dans le sable. *Elles* veûl**ent** des insectes.

134ᵉ Dictée. — **1°** Les *cochons* fouill**ent** avec leur groin. — Les *souris* mang**ent** le fromage et la chandelle, et, ce qui est encore plus désagréable, *elles* rong**ent** le linge et les hardes. = **2°** Les *lis* ne sèm**ent** point, *ils* ne fil**ent** point; et de quoi manqu**ent**-*ils*? — Les *rats* rong**ent** comme les souris. — Il y a de grandes rivières *qui* se précipit**ent** avec fracas, et (*qui*) form**ent** d'admirables cataractes.

96ᵉ LEÇON.

ou : Je le dirai naïvement : Je *priai, et* j'espér**ai**.

Mettre *v* sous les verbes.

133ᵉ Copie. — **1°** Si tu pleures sans motif, *je* te gronderai, Léonide. Maman, quand *je* serai grande, *je* ferai comme Estelle, *je* ne pleurerai plus; mais je suis si petite !... — *Je* m'écorchai aux ronces qui bordent le chemin. = **2°** La mère de Colas est morte; hé bien! *je* serai sa mère, *je* l'élèverai; et toi, Gaston, tu seras son frère, n'est-ce pas? — Mon Eugène, *je* distribuai toutes tes vieilles hardes à ces infortunés.

Comme vous le voyez dans je dirai, je priai, etc., etc. : Le son é s'écrit par ai à la fin des verbes joints à *je.*

130ᵉ Thème.

Finir les mots commencés.

Demain *je* travaillerai bien;   Hier *je* travaillai bien.
Demain *je* tomber—peut-être;   Hier *je* tomb— ici.

Demain *je* broder—une feuille; Hier *je* brod—.
Demain *je* jouer—avec toi; Hier *je* jou—.

135e Dictée. — 1° Maman, si tu me mènes chez Alexandre, *je* ferai demain une tâche double, je t'assure; puis *je* t'obéirai toujours, *je* serai sage!... Hé bien, *je* t'y conduirai, mon Émile; mais tu ne manqueras pas à tes promesses? Oh! non, *je* ne serai pas ingrat! = **2°** Lorsque *je* visitai avec papa les animaux féroces, deux lions hérissèrent (1) leur crinière et (*ils*) rugirent; moi, *je* les regardai en face : as-tu autant de courage, toi? — *Je* conduirai Anna aux Tuileries. (*Indiq. ce pluriel.*)

97e LEÇON.

ou : Ah! quelle *fumée*, ma chère *Edmée!*

134e Copie. — 1° Mon ami, prenez cette grosse dragée! — Ah! que ta poupée est donc barbouillée, ma Désirée! — Ma petite mère, qu'est-ce qu'une mosquée? Une mosquée est une sorte d'église pour les musulmans. = **2°** Je voudrais que ma petite Edmée essuyât ces feuilles toutes mouillées de rosée. — Que porte cet ange! une épée flamboyante? — Madame, je ne bâillerai plus jamais lorsque vous me ferez écrire une dictée.

Ainsi que vous le voyez dans fumée, Edmée, etc., etc. :
On met ée à la fin des mots féminins terminés par le *é.*

---

(1) Voyez la Remarque générale, page 124.

131ᵉ Thème.

Mon châle est déployé,	Ma petite écharpe est dépl—.
Son pâté est gâté,	Sa pât— est g—.
Ses crayons sont taillés,	Ses charmilles sont t—.
Ces marbres sont jaspés,	Ces balsamines sont j—.

136ᵉ Dictée. — **1°** Ah ! maman, la poupée d'Edmée est tombée dans la cheminée ; voyez donc, sa robe est toute brûlée ! — Quelles belles et brillantes fusées ont été (*été ne change jamais*) lancées ici dans la soirée ! = **2°** Admirez mes giroflées rouges panachées. — A qui sont donc ces vieilles épées rouillées ? — Les bambous sont des graminées de contrées très-éloignées. — Ma Désirée, ta dictée est achevée.

98ᵉ LEÇON.

§ Iᵉʳ *ou : Xavier, voilà un prunier et un noyer.*

135ᵉ Copie. — **1°** Noémi, à qui portes-tu ce panier de framboises et ces délicieuses dragées ? — Les ouvriers sans ordre chôment le Lundi. — Je voudrais que monsieur (1) Royer me fabriquât du papier avec ces débris de toile de chanvre, de lin, de coton. = **2°** Les fleuves coulent sur du sable et du gravier. — Voilà le premier Janvier, je recevrai de maman un joli tablier brodé. — Olivier, le cacaotier ou cacaoyer nous procure le cacao, le noyer les noix.

---

(1) Nous plaçons ici ce mot, très-irrégulier, à cause de la grande nécessité où les jeunes élèves sont d'en connaître l'orthographe.

132e Thème.

Le pal**ier** termine l'étage d'un escal**ier**,
     Les p—   des es—.
Le palm**ier** est un végétal exotique, comme ce café**ier**,
    · Les p—.

Ainsi que vous le voyez dans Xávier, prunier, noyer, *etc., etc.* :
On met généralement er à la fin des mots terminés en *ié* ou
en *yé*.

137e Dictée. — **1°** Les botanistes rangent dans
la famille des rosacées, avec le ros**ier** ou l'églan-
tier, beaucoup d'arbres fruitiers : l'amand**ier**,
le prunier, l'abricotier, le poirier, le néflier,
etc. — Le chat partage le fo**yer** domestique. =
2° Dans le papier, on distingue plusieurs formats,
le format écol**ier** est un des moindres. — Monsieur Ro**yer** est un magistrat distingué.— Xavier,
votre lo**yer** **est**-il **payé** (1), et n'**avez**-vous pas
oublié (1) Boyer, le vitrier?

---

§ II, ou : *J'ai visité votre clocher avec deux*
étrangers et un conseiller.

136e Copie. — **1°** Dans nos armées, on a
vu des **archers**, des arbalétriers, etc., etc. —
Mon père, ne seras-tu pas conseiller de préfec-
ture? — Où sommes-nous ? voici des boutiques de
bou**chers**, d'épiciers, de boulangers. = **2°** Voulez-vous que j'aille avec le jardinier dans le po-

---

(1) Voyez la Remarque importante qui est placée en tête de la
100e leçon, page 151.

léger? — Hé, mon ami, tire-moi du danger ! —
Avec quel fracas la rivière tombe de ce rocher !
— Un pigeon **a perché** (1) dans mon poulailler.

133ᵉ Thème.

Ce nuage lé**ger** se colorera au cou**cher** du soleil,
    Ces n—   au cou**cher** du soleil.
Le va**cher** soigne ses vaches, le ber**ger** soigne ses brebis
  et ses moutons;
    Les vach—   leurs v—, les b—.
Quel magnifique cornou**iller** dans ce pota**ger**!
    Quels m—!

Comme vous le voyez dans clocher, étranger, conseiller, *etc.,
etc.:*
On termine généralement par **er** les mots qui finissent en *ché*,
en *gé* et en *illé*.

138ᵉ Dictée. — 1° Qu'admires-tu, Didier? Ce

clocher si léger. — Est-ce donc là le pêcher
qui vous procure des pêches hâtives ? — Sommes-
nous loin d'Alger ? — Mon Dieu, préservez de tout
danger papa, maman, mes frères et moi. — Voilà
un joli cornouiller. = 2° Roger, tous les animaux
à bourse (ou poche) sont étrangers à l'Europe. —
Messager, traversez mon verger ; admirez mes
poiriers, mes abricotiers et mes pêchers. — Quelle
charmante petite poupée j'ai trouvée sous mon
oreiller !

---

(1) Voyez la Remarque importante, page 151.

99ᵉ LEÇON.

§ Iᵉʳ, *ou : Songe* à *peler tes poires avant* de *les*
manger.

NOTA. — *Les mots des verbes qui finissent par* er, ir, re, oir, *sont*
des verbes à l'infinitif.
Les infinitifs finissent toujours par er, ir, re, oir, *sans s à la fin.*

137ᵉ Copie. — 1° Désirée, à quoi ton frère
s'est-il **amusé** (1)? Ma petite maman, *à* se pro-
mener dans le jardin, *à* se balancer, puis *à*
jouer aux quilles. — Le cube a la forme d'un dé
à jouer. — On s'amuse plus *à* jouer qu'à regarder sa parure. = 2° Pourquoi les faneuses
retournent-elles le foin avec leurs fourches avant
*d'*en former un tas? C'est afin *de* l'exposer de
tous les côtés aux rayons du soleil, et *de* le sé-
cher. — N'oubliez jamais *de* remercier ceux qui
vous servent.

134ᵉ Thème et 135ᵉ.

Dans ce thème et dans les suivants, finir le mot commencé.

1. Je demande *à* parl**er**,   **2.** Tu oublies *de* te hât**er**,
Je cherche *à* m'amus—,   Tu redoutes *de* tomb—,
Je demande *à* dans—,   Tu oublieras *de* parl—,
Je trouverai *à* glan—,   Tu me blâmes *de* bâill—.

Ainsi que vous le voyez dans à peler, de manger, etc., etc. :
1° On écrit le son é final par er dans les verbes qui sont placés
après les invariables *à, après, de,* etc., *car ces verbes sont toujours*
à l'infinitif.

139ᵉ Dictée. — 1° L'ignorance, toujours, est
prête *à* s'admirer. — Olivier s'est **amusé** (1) *à*

_____

(1) Voyez la Remarque importante placée en tête de la 100ᵉ leçon, page 151.

plumer son bouvreuil; son papa s'est vu forcé (1)
de le gronder et même *de* lui tirer quelques cheveux, et puis *de* le chasser de sa chambre. = **2°**
Edmée, évite *de* contrarier tes petites compagnes,
de chercher *à* les dominer dans vos jeux, *de* leur
imposer tes volontés et tes caprices.— Une petite
fille bien élevée a soin *de* vider sa bouche et
*d'*essuyer ses lèvres avant de boire.

§ II, *ou : Finiras-tu* par *marcher vite* (pour
t'éloigner) sans *tomber*?

138ᵉ Copie. — **1°** Si vous travaillez mal, Eugénia, vous finirez *par* fâcher votre institutrice.
— Les arbres ne **sont** pas **créés** (1) *pour* procurer à la paresse de délicieux ombrages; mais
pour assurer notre subsistance et *pour* nous
abriter contre les rayons du soleil. = **2°** Je voudrais qu'on examinât mes minéraux *sans* les
changer de place, *sans* les toucher. — Jouez à
cache-cache, mes amis, mais *sans* vous heurter, et
sans briser mes meubles.

136ᵉ Thème et 137ᵉ.

1. Je finirai *par* te gronder,   **2.** Je le liai *pour* le garder,
  Tu finiras *par* te pinc..,   Tu me lias *pour* t'amus..,
  Je me lève *pour* jou..,   Marche *sans* te heurt..,
  Tu te lèves *pour* travaill..,   Explique-toi *sans* pleur...

Comme vous le voyez dans par marcher vite, *sans* tomber, *etc.,
etc. :*

2° Le son *é* final s'écrit par er dans les verbes qui sont placés
après les invariables *par, pour, sans; car ces verbes sont toujours
à l'infinitif.*

(1) Voyez la Remarque importante, 100ᵉ leçon, page **151**.

140e Dictée. — **1°** Vasco de Gama a fini *par* trouver le passage aux Indes par l'Océan. — Quelques volatiles, tels que les canes, les pélicans, etc., **sont conformés** *pour* nager dans les rivières peu profondes ou (*pour*) les passer à gué, et *pour* marcher. = **2°** Ce digne ouvrier finira *par* travailler *sans* se reposer *pour* soulager sa vieille mère. — L'action de teiller le chanvre consiste à en briser les tiges *pour* en détacher les fibres. — Olivier, resteras-tu bien quelque temps *sans* respirer?

---

§ III, *ou : Il ne* faut *pas pleurer lorsque je* désire *vous coucher*.

139e Copie. — **1°** Francine *a voulu* monter sur la montagne malgré sa mère; elle **est tombée,** tant pis pour elle! Les petites filles *doivent* écouter les conseils. — Lorsqu'on vous éveille le matin, il *faut* vous lever tout de suite, il ne *faut* pas pleurer. = **2°** Les reptiles, ce sont des bêtes qui *doivent* ramper; qui ne *peuvent* pas voler comme les serins, etc., et qui ne *peuvent* pas non plus marcher, comme les quadrupèdes ou les bipèdes, parce qu'ils n'ont pas de pieds (1). — Oh! mon papa, comme Fidèle *sait* (2) bien nager!

---

(1) La remarque générale placée page 135 s'applique à tous les sons et à toutes les articulations de la langue française. Le mot pied ressemble pour le sens aux mots *quadrupèdes, bipède, piédestal, pédestre,* etc.; il en doit conserver le d.

(2) Le verbe *sait* est formé de l'infinitif *savoir;* il doit en conserver l'**a.**

138ᵉ Thème. Il *faut* toujours avou**er** la vérité,

    Je *désire* embrass.. maman,

    Tu *devras* travaill.. avec courage,

    Je te *ferai* lou.. un âne ou une ânesse,

    Et ensuite je te *mènerai* promen..

Comme vous le voyez dans je *désire* vous coucher, *etc., etc.* :

3º On écrit par **er** le son *é* final dans les verbes qui sont placés après un autre verbe, et qui en complètent le sens ; *car ces verbes sont à l'infinitif.*

(Cette remarque n'est pas applicable aux mots placés après un mot du verbe *être* ou du verbe *avoir*.)

141ᵉ Dictée. — 1º Si tu es malpropre, Julia, on te *fera* mang**er** toute seule dans ta chambre. — Qui *veut* voyag**er** loin ménage sa monture. — Les reptiles *peuvent* demeur**er** longtemps cachés dans des trous sans respir**er**. = **2º** Vous *vîtes* hier matin le soleil se lev**er**, vous *pouvez* admir**er** maintenant le coucher de cet astre. — Des manières nobles, aisées, gracieuses *font* pass**er** la plus modeste parure. — *Venez* vous plac**er** près du foyer, Noémi !

———

100ᵉ LEÇON,

ou : Je suis *fatigué,* j'ai *tant marché* !

REMARQUE IMPORTANTE. — Le mot qui est placé après un mot du verbe **être** ou du verbe **avoir,** et qui ressemble un peu à un verbe, est un adjectif formé d'un verbe (un participe).

L'adjectif formé d'un verbe ne doit jamais finir par **er.**

140ᵉ Copie. — 1º Combien je *suis* importuné par les abeilles ! — N'*es*-tu pas fatigué, Octave ? repose-toi ! — Tout le blé *est*-il coupé ? la moisson *est*-elle achevée ? — Nous *sommes* levés depuis longtemps. = **2º** J'*ai* désiré de passer une journée avec ma Clotilde — N'*as*-tu pas heurté cet aveugle? — Salomon *a* demandé à Dieu la sagesse, sa prière *a*-t-elle *été* exaucée? — Nous t'*avons* acheté deux pigeons à gorge changeante.

139ᵉ Thème et 140ᵉ.

1. Je *suis* tombé,
  Tu *es* recherch.,
  Noel *est* fatigu.,
  Léon, *êtes*-vous choy.?
  Anna, *êtes*-vous choy.?

2. J'*ai* brisé une bambou,
  As-tu taill. ton rosier?
  Il *a* hât. son voyage,
  Nous *avons* voyag.,
  Avez-vous rêv.?

Comme vous le voyez dans je suis fatigué, — j'ai marché, etc., etc.:
On écrit *régulièrement* paré (és, ée, ou ées) le son *é* final des adjectifs venant d'un verbe, et qui généralement sont placés après un mot du verbe *être* ou du verbe *avoir*.

101ᵉ LEÇON,

ou : Nous voilà dans la saison du raisin.

141ᵉ Copie. — 1° La fanaison, c'est l'époque où l'on fane les foins. — Il y a des petites filles qui dandinent toujours sur leur chaise, qui répondent tout bas quand on leur parle; ce sont de petites niaises, et voilà tout. — Nicaise, le hersage (1) n'est pas fini. = 2° L'été est l'une des quatre saisons, c'est la saison des orages. — Les falaises, ce sont des élévations, des rochers escarpés près des côtes. — Les rubans plaisent beaucoup aux petites filles.

141ᵉ Th. La chenille prévoyante se file une **maison**
    . Les ch—   des m—.
Ce chemin bi**aise** trop peu,
    Ces ch—.

(1) Puisqu'on doit dire le h*ersage*, vous comprenez pourquoi i[1] faut commencer ce mot par *h*. — Revoyez la Remarque générale' page 124.

Un joli **fais**an doré lustre ses plumes,
> Douze j—l'—   leurs pl—.

Comme vous le voyez dans saison, raisin, *etc., etc. :*
On met ai pour peindre le son *è* avant un **s** prononcé **z**.

142ᵉ Dictée. — **1°** Blaise, mon ami, vous pouvez manger de ces fraises parfumées. — Que la raison seule vous dirige dans toutes vos actions. — Lorsque vous êtes propre, vos amis sont bien **aises** de jouer avec vous. = **2°** Quelle fête dans nos campagnes que la récolte du raisin ! comme chacun se hâte de dépouiller la vigne ! — Nous voici en Janvier : la saison est rude, le malaise général ; songe à soulager les misérables.

102ᵉ LEÇON,

ou : J'ai visité avec une dizaine de mes amis les rives africaines (africain).

142ᵉ Copie. — **1°** Il y a en Europe une quinzaine d'États principaux, il y en a une vingtaine dans l'Afrique. — Isidore, nombrez avec moi, et dites : Unités, dizaines (1), centaines ; mille, dizaines de mille, centaines de mille ; etc. Fort bien ! = **2°** Germaine (2), la république romaine (2) a été très-florissante. — Tu désires de la moutarde, tu n'as qu'à broyer cette petite graine (2) de sénevé.

Noᴛᴀ. — *Les mots* pleine (la bouche pleine), sereine, peine, *ayant pour dérivés* plénitude, sérénité, pénible, *s'écrivent avec* ei.

---

(1) Faire remarquer le **z** (en place du *s*), dans le mot dizaines.
(2) *Germaine* est le féminin de *Germain* ; — *romaine* de romain ; — *graine* vient de grain.

142ᵉ Thème.

Une pl**aine** est une grande surface du globe, presque
pl**ate**,

  Des pl—ce sont de gr—   du globe, pr—pl—.

Tu ne seras pas v**aine**, la v**a**nité est odieuse,

  Vous ne s—   , la vanité est odieuse.

Vous le voyez dans diz**aine**, — *et dans* afric**aine** (*d'africain*), *etc.,
etc.* :

On finit par **aine** les mots en *ène* : 1° quand ils désignent un
nombre ; — 2° quand ils sont le féminin d'un mot en *ain* (enfin
lorsque leur dérivé présente un *a*.)

143ᵉ Dictée. — 1° Une diz**aine**(1) se compose

de dix unités, Léon, une cent**aine** se compose de
dix diz**aines**, dix cent**aines** forment un mille.
— Maria, j'ai gagné trois douz**aines** de macarons, désires-tu en manger ? = **2°** Quelle écriture préfères-tu, mon papa, la bâtarde, la coulée,
l'anglaise, ou l'expédiée améric**aine** (2)? — Mais tu
es sans raison, Octave, le chat n'a pas la force de
tra**î**ner (2) ta voiture !

103ᵉ LEÇON,
*ou : Mon propriét**aire** est sexagén**aire**.*

143ᵉ Copie. — 1° Voulez-vous demander un

joli *livre* à gravures à votre libr**aire** (3)? — Si
vous êtes *seule*, Blanche, jouez au solit**aire** (3). —
Madame, vos poires de crassane sont extraordi-
n**aires** en vérité ! = **2°** Martin, les fées que vous
croyez si redoutables sont des êtres imagin**aires**.
— La pêche est origin**aire** de la Perse. — Pascal,
seras-tu avocat ou not**aire** (3) ?

---

(1) Indiquer le **z** du mot *dizaine*.

(2) *Américaine* vient d'américain ; — *trainer* conserve l'ai de train.

(3) On termine par **aire** les mots en *ère* qui sont formés d'un
mot plus court : Ex. *libraire*, de livre ; — *notaire*, de note.

143e Thème.

Admirez le chêne sécul**aire** qui domine le rocher,
    Admirez les ch—.
La louve est un animal sanguin**aire**,
    Les l—.

Comme vous le voyez dans propriétaire, libr**aire**, sexagénaire, *etc., etc. :*
On termine en général par a i r e les mots en *ère* qui se prononcent et s'écrivent de même au masculin et au féminin, comme *sexagénaire; extraordin*aire, etc. ; — en effet, on écrit : Il est sexagén*aire*, elle est sexagén*aire*; il est extraordin*aire*, elle est extraordin*aire*, etc., etc.

144e Dictée. — 1° Gaston, seras-tu milit**aire**?
— Écoute bien ! le sexagén**aire** a soixante ans, le septuagén**aire** en a soixante-dix, l'octogé-n**aire** quatre-vingts. — Nos côtes méridionales étaient infestées par des pirates ou cors**aires** avant la prise d'Alger. **= 2°** Le cèdre gigantes-que qui orne le Jardin-des-Plantes est plus que centen**aire**. — Pour l'ordin**aire**, un cadran so-l**aire** consiste en une tige fixée sur une muraille, etc. — Évitez le langage vulg**aire**.

104e LEÇON,

ou : Danseras-tu un menuet au son du flageolet ?

144e Copie. — 1° Ma sage Antonine a tou-jours soin de plier son mantel**et** ou son châle. — Papa, nous avons vu dans ce noisetier toute une nichée de roitel**ets**. — Savez-vous broder au cro-chet, mesdemoiselles? **= 2°** Prenez garde, Noel, de vous blesser avec ce fleur**et**. — Ernestine, voilà des croqu**ets** et des macarons, prenez-en. — Mi-

net m'a égratigné ! — Voudras-tu que je me pro-
mène en batelet, maman ? — Blaise, venez jouer
aux jonchets avec Babet.

144ᵉ Thème.

Babet, le broch**et** est un poisson très-vorace,
    Bab**et**, les b—.
Je suis inqui**et** de mon jardinier, il est bien repl**et**,
    Nous sommes inq— de nos j—.
Ah ! mon haqu**et** qui se brise !
    Ah ! mes h—!

Comme vous l'avez vu dans menuet, flegeolet, *etc., etc. :*
On met très-souvent **et** à la fin des mots masculins en *è*.

145ᵉ Dictée. — 1° Les rois de France portent

le deuil en violet. — Quel joli bouquet de giro-
flée blanche ! — Jouez au furet, mesdemoiselles.
— L'édredon est le plus léger de tous les duvets.
— Babet, fermez donc les volets, le soleil nous
aveugle. = **2°** On m'a acheté pour le premier
Janvier deux magnifiques fouets, un flageolet, et
un bilboquet d'ébène. Et à moi, une belle montre et un cachet. — Les lièvres broutent le serpolet.

105ᵉ LEÇON,

ou : Tracez ici une *r*aie *avec de la cr*aie.

145ᵉ Copie. — 1° Pour l'ordinaire la baie est

plus petite que le golfe, saviez-vous cela ? — Une
chên**aie** est un lieu planté de chênes, comme
une frên**aie** est un lieu planté de frênes. = **2°** Ma
chère Caroline, tu seras toujours vr**aie**, n'est-ce

pas ? — J'ai vu des soldats former la **haie** (1) sur le passage du roi. — La **raie** est un poisson plat. Il y a de la **raie** bouclée.   .

145ᵉ Thème.

Le nègre lance bien sa zag**aie** (sorte de javelot),
    Les n—   leurs z—.
Mon cheval arabe a franchi cette **haie** (1),
    Nos ch—.

Vous le voyez dans une raie, la craie, *etc., etc.*:
On termine souvent par a i e les mots féminins qui finissent par le son *è*.

146ᵉ Dictée. — **1°** Je vous dirai, Louise, que les coudr**aie**s sont les lieux plantés de coudriers ou de noisetiers; que les osiers abondent dans les oser**aie**s, comme les rosiers dans les roser**aie**s,... et les dragées dans cette boîte : ouvrez-la, et prenez. = **2°** L'ivr**aie** est une graminée à graine noire, qui pousse au milieu des blés. — Un sanglier et une l**aie** ont été vus dans la fut**aie**. — J'ai dans ma chên**aie** des chênes séculaires.

106ᵉ LEÇON,
*ou : Ce mal tais s'est fixé dans l'Orléan**ais**.*

146ᵉ Copie. — Tu répètes toujours : Émile est angl**ais**! tu te trompes, et je t'expliquerai pourquoi : les naturels de la Grande-Bretagne se divisent en Angl**ais** et en Écoss**ais**; les naturels de l'Irlande sont des Irland**ais**; Émile est donc irland**ais**, puisqu'il est né à Dublin.

---

(1) Pour le *h*, voyez la Remarque générale, page 124.

Vous le voyez dans maltais, Orléanais, *etc., etc.*:
On termine par **ais** les noms de peuples et les noms de provinces qui finissent par le son *è.*

147ᵉ Dictée. — Léontine, répondras-tu bien à toutes mes questions? Écoute : le naturel du Portugal est un...? Un portug**ais**, maman. Et les naturels de la Pologne, ce sont... ? Les Polon**ais**. Très-bien, voilà un cornet de dragées. — Lors de ton voyage dans le Nivern**ais** et dans le Viva-**rais**, je te ferai traverser le Gâtin**ais**, la province au bon miel.

107ᵉ LEÇON,

ou : Quand je pleurais tu me consolais.

147ᵉ Copie. — Ah! mon Dieu, mon Dieu, je suis tout écorché! Comment as-tu pu tomber ainsi, Colin? ne voy**ais**-*tu* donc pas le fossé? Non madame, *j'*av**ais** la tête tournée, *je* regard**ais** du côté de l'oseraie. Si *tu* ét**ais** moins étourdi, *tu* regarder**ais** toujours à tes pieds et *tu* ne tomber**ais** pas; mais sèche tes larmes, Colin, voilà des croquignoles, cela te guérira.

146ᵉ Thème.

Je m'achemin**ais** vers toi,	*tu* le sav**ais**,
Je gémiss...,	et *tu* me consol...,
Je lis...,	et *tu* m'écout...,
Je ri...,	et *tu* t'amus.....

Comme vous le voyez dans je pleurais, tu consolais, *etc., etc.*:
On termine en général par **ais** les verbes qui sont joints à *je* et à *tu*, et qui finissent par le son *è.*

148ᵉ Dictée. — **1°** Si *tu* savais, Didier, comme Minon est drôle avec sa petite gueule toute barbouillée de crème ! que *je* voudrais qu'il se dirigeât de ce côté ! *Tu* rirais aux éclats si *tu* le voyais se lécher les barbes. == **2°** Mon papa, pendant que *tu* étais en voyage, *je* parlais avec politesse aux domestiques, *je* les remerciais toujours ; demande-le à maman ! J'espérais bien que *tu* serais sage, André, aussi je t'ai acheté une belle épée, la voilà.

———

108ᵉ LEÇON,

ou : Un octogénaire *plant*ait..... il *radot*ait, *dis*ait-on !

148ᵉ Copie. — **1°** La petite *Gabrielle* avait un serin privé *qui* voltigeait partout dans sa chambre. et *(qui)* se posait sur ses cheveux ; *il* disait et *(il)* redisait sans cesse : Mon Fifi ! mon mignon ! baisez vite ! baisez vite ! == **2°** *Cela* était fort joli ; mais trop joli pour Gabrielle, car *elle* négligeait souvent son travail ; au lieu d'achever sa tâche, *elle* jouait avec son serin... et sa mère se trouva forcée de la priver de cette distraction, de lui ôter son serin.

147ᵉ Thème. Je chantais et *il* dans**ait**,
Tu labourais et il sem...,
Je priais et Dieu m'écout...,
Tu soupais et André se couch...,
Je demandais le médecin, et il ven...

Ainsi que vous le voyez dans un *octogénaire* plantait, *il* radotait, *etc., etc.* :

On termine presque toujours par a i t le verbe joint à un *substantif singulier*, ou aux mots *il, elle, on,* etc., et qui finit par le son *è*.

149ᵉ Dictée. — **1°** La petite *Élise* était si malade qu'*on* croyait qu'*elle* ne guérirait point : sa *maman* était toujours auprès d'elle; *elle* la consolait, et (*elle*) la soignait; quelquefois même *elle* la tenait dans ses bras. = **2°** Souvent cette bonne *mère* ne mangeait, (*elle*) ne buvait, ni (*elle*) ne dormait pour soigner sa chère malade; mais surtout *elle* priait sans cesse... Dieu écouta ses prières, et la petite Élise recouvra la santé.

109ᵉ LEÇON,

ou : Six forts chevaux *tiraient un coche*, ils *suaient.*

149ᵉ Copie. — **1°** Fanchon, si vous saviez, j'ai vu près d'ici deux petites filles *qui* étaient bien misérables; *elles* avaient des souliers si vieux et des bas si troués que leurs *pieds* étaient presque nus, leurs *robes* étaient rapiécées. = **2°** *Elles* pleuraient, *elles* imploraient la pitié; *elles* demandaient des sous, mais *beaucoup* de ceux *qui* passaient ne les écoutaient même pas, j'étais bien chagrine : je n'ai à moi que ces poires, voulez-vous les leur porter?

148ᵉ Thème et 149ᵉ.

1. Votre *frère* essuyait toujours ses pieds sur le paillasson
Vos *f*—   leurs *p*—.

Le *berger* s'assey**ait** au pied du hêtre séculaire,
Les *b*— au pied des *h*—.

2. Votre *cousine* taill**ait** une robe pour ma poupée, et
Vos *c*— des *r*—.

elle y travaill**ait** quand son institutrice l'a demandée,
elles y tr— quand leurs in— les ont d—.

Vous le voyez dans six chevaux tiraient, *ils* suaient, *etc., etc.* :
On termine par aient le verbe joint à un *substantif pluriel*, ou
à *ils*, à *elles*, etc., et qui finit par le son *è*.

150e Dictée. — **1°** Maman, que nous nous
sommes amusés dans le pré ! les *chèvres* nous
fuyaient, *elles* grimpaient sur les rochers, et
de là *elles* nous regardaient; les brebis et les
moutons. broutaient près de nous. = **2°** Les
bergers s'asseyaient, ou (*ils*) se couchaient au
pied du hêtre; là *ils* jouaient du galoubet ou
(*ils*) chantaient des chansons rustiques ; et mes
jeunes *cousins* folâtraient : tu aurais été bien
aise d'être avec nous.

========

110e LEÇON.

§ I**er**, *ou : Baissez la tête, et parlez plus bas.*

Relire la Remarque générale, page 135.

150e Copie. — **1°** Vous serez l'ami du bon
Dieu, il vous **aimera**, si vous l'aimez, ma chère
Aimée. — Les chats sont carnivores, car ils **vi-**
vent de chair. = **2°** Aquilin, c'est-à-dire d'aigle.
— Je m'éclaire avec la petite lampe de Claire, la
clarté de la lampe solaire me fatiguait. — Placez
toujours les malades dans des chambres aérées,
l'air leur est fort utile.

6

150ᵉ Thème.

Par : un magister on a désigné un maître d'école,
Par : des m—on—désigné des m—   d'école.
Fanchon, prenez votre balai, et balayez cette chambre,
Fanchon et Victoire, prenez vos b—.

151ᵉ Dictée — **1°** Ces lieux sont-ils bien aérés? — L'aigle est le roi des airs. — Césaire et moi, nous naquîmes à Viterbe; nous aurions voulu naître à Rome, comme César ! = **2°** Claire est très-sanguine, le médecin l'a saignée hier, Clara! —Voulez-vous faire fabriquer de la toile à la fabrique voisine ?

§ II, *ou Respectez Dieu, votre respect lui est dû.*

151ᵉ Copie. — **1°** Blanche, modérez même votre zèle pour vous instruire ; ce qui assure le progrès, c'est la progression et la régularité du travail.= **2°** Césarine est indiscrète ; vous, Césaire, vous serez toujours discret, n'est-ce pas? — Respectez la vieillesse, le respect des jeunes est la gloire et la satisfaction des vieux. — Alice, ta maman permet (1) que tu joues avec nous.

152ᵉ Dictée.— **1°** Si votre voisin était processif, il vous ferait un procès pour vous forcer à griller cette fenêtre. — Bouquetière, combien ce joli bouquet, ce paquet de germandrée? = **2°** Ces lieux sont suspects, ne trouvez-vous pas cette sombre forêt bien suspecte ? — Fi ! la vilaine

(1) Le mot *permet* vient du verbe *permettre.*

petite curieuse qui se met (1) aux portes pour écouter !

111ᵉ LEÇON,

ou : Notre pêche grêlée est tombée peut-être.

152ᵉ Copie. — 1° N'est-ce pas avec le harpon que l'on pêche les marsouins ? — Le campêche est un arbre d'Amérique. = 2° La grêle détruira toutes les espérances de Blaise si elle tombe sur ses vignes. — Les moutons et les brebis bêlent. = 3° Cousine, c'est aujourd'hui ta fête, voici un bouquet de roses. — Saluez ce prêtre vénérable. — Nanine, voulez-vous lacer les guêtres de Félicité ? — Une limace ! fi ! la dégoûtante bête !

151ᵉ Th. Le manche de ta bêche est mince, grêle,
    Les m—   vos b—.
C'est peut-être ma chèvre qui bêle, André ?
    Ce sont p—nos ch—?

Comme vous le voyez dans pêche, grêlée, peut-être, etc., etc. :
On écrit très-souvent le son de l'e très-ouvert par ê avant ch, l, t.

153ᵉ Dictée. — 1° Dépêche-toi de bêcher cette planche, tu y sèmeras de la chicorée. — Les espèces de poissons qui voyagent par bandes dans l'Océan sont l'objet de pêches très-importantes. = 2° Que Clorinde est frêle ! — Triez les pêches qui sont ici pêle-mêle avec des poires. = 3° Mon salpêtrier fabrique son salpêtre avec des sels tirés des plâtras de vieilles murailles. —

(1) Le mot met vient du verbe mettre.

La bête à Dieu est une charmante petite bête.

112e LEÇON,

ou : L'hydropique venu des régions **hyperbo-**
rées est un **hypocrite.**

153e Copie. — **1°** Mon père, vous parlez toujours d'**hydro**gène, qu'est-ce donc que l'**hydro-**
gène? — Nos ancêtres buvaient de l'**hydromel**
dans de larges coupes ciselées. = **2°** L'**hyper-**
bole, c'est l'exagération dans le langage . — Elles
sont très-curieuses les relations de voyages chez
certaines nations **hyper**borées : les Lapons, les
Finlandais, etc., etc... — Méfiez-vous, Sara, le
chat est **hypo**crite ; gare au fromage !

152e Thème.

Brûles-tu dans cette lampe du gaz **hydro**gène?
    Brûlez-vous avec ces l— du g—?
La martre est un animal d'une région **hyper**borée,
    La martre et la zibeline sont d— des r—.
Ambroisine est **hypo**condriaque,
    Ambroisine et Edmée—.

Vous le voyez par **hydro**pique, **hyper**borées, **hypo**crite, *etc.,*
etc. :
On commence par **hy** presque tous les mots en *idro*, en *iper*, et
en *ipo*.

154e Dictée. — **1°** Le gaz avec lequel on
éclaire nos boutiques, nos passages, c'est du gaz
hydrogène carboné. — Ma petite Aimée, vous
ne riez pas, vous ne jouez pas ; seriez-vous **hypo-**
condriaque ? = **2°** Pascal, vous dites parfois : Il y

a dix ans que je sais cela ! cette manière de s'exprimer est une **hyperbole**, elle est **hyperbolique**. — Que l'**hypocrite** est méprisable ! — Voilà une belle lampe **hydrostatique !**

113ᵉ LEÇON,

ou: Marie est bénie de Dieu.

154ᵉ Copie. — 1° Ignores-tu, Marie, qu'une ondée n'est qu'une petite pluie, une pluie de courte durée ? Ce n'est qu'une ondée qui tombe, tu sortiras bientôt avec Félicie. — Valérie est bien rétablie de son esquinancie, mais Aspasie a toujours de l'hydropisie. = 2° Clélie et Cornélie étaient des Romaines qui aimaient beaucoup leur patrie. — Anastasie, tes cheveux sont dans un tel désordre que tu as l'air d'une véritable furie.

153ᵉ Th. Ma petite amie, écoute la pie d'Eugénie,
            Mes p—.
Ta jolie broderie était-elle finie, Julie?
            Vos j—   Julie et Lucie?

Comme vous le voyez dans Marie, bénie, *etc., etc. :*
On met ie à la fin des mots féminins terminés en *ie*.

155ᵉ Dictée. — 1° Écoutez, ma Lucie, dans la hiérarchie (1) de l'Église romaine, on place l'épiscopat avant le simple sacerdoce; ensuite on a le diaconat, le sous-diaconat, etc. — Zélie, une petite fille polie est aimée de tout le monde. =

(1) Pour le *h* de hiérarchie, relisez la Remarque générale, page 124.

2° L'hypocrisie est le plus détestable de tous les vices. — Amélie, que feras-tu pour la fête de ta maman? Je lui broderai une jolie chaise en tapisserie. — Voyez donc la petite Léocadie qui veut soulever cette lourde hie (1).

114e LEÇON,

ou : Le vernis ajoute à la vivacité du coloris.

155e **Copie.** —1° Ivan. mangez de ce (2) hachis (2), et du coulis (2) d'oignon. — Mes cousins poursuivaient sur la route un lièvre; il gagna le taillis (2), et ils ne le tuèrent point. = 2° hé bien, mes neveux, quel est ce chamaillis (2)? comportez-vous donc en bons frères! — Que voilà des pêches d'un magnifique coloris (2)!

154e Th. Le guillochis (2) de votre bague est bien délicat,
Le g—de vos b—.
Quel magnifique semis (2) d'ananas!
Q—!

Vous le voyez dans vernis *(de* vern-ir*),* — coloris *(de* color-er*),
etc., etc. :*
Le son *i* final s'écrit souvent par **is** dans les substantifs masculins, surtout lorsqu'ils sont formés d'un verbe dont on a changé les dernières lettres.

156e **Dictée.** — 1° Mon Dieu, la hideuse (1)

---

(1) Puisqu'on doit prononcer cette *lourde hie,* et dire *la hie, ce hachis, la hideuse,* etc., vous comprenez pourquoi ces mots commencent par *hi, ha.* — Voyez la Remarque générale, page 124.

(2) *Hachis* est formé du verbe *hach-er;* — *coulis,* de coul-er; — *taillis,* de taill-er; — *chamaillis,* de chamaill-er; — *coloris,* de color-er; — *guillochis,* de guilloch-er; — *semis,* de sem-er.

route, quel gâchis (1) ! Voyez donc, le vernis (1) de mes souliers est tout terni. — Quelle belle santé vous avez, Alice ! quel coloris (1) = **2°** Ma mère a acheté une belle gravure au lavis (1), c'est un arabe qui invoque Dieu le matin lorsque le Soleil se lève. — J'ai vu chez Noel un joli semis (1) de marguerites.

115ᵉ LEÇON,

ou : Je lis avec facilité tout ce que tu écris.

Mettre *v* sous les verbes.

156ᵉ Copie. — 1° Ah ! que *je* me réjouis, Émilia, de te trouver ici ! tu vas déjeuner avec moi. — Qu'aimes-tu mieux, Lise, ces rubans roses ou ces rubans bleus ? Maman, *je* choisis les roses. — *Je* fuis et je fuirai toujours l'hypocrite, mais que dis-*tu* de l'hypocrisie de Pancrace ? = **2°** Amélie, lorsque tu es gaie, *tu* ris aux éclats ; cela n'est pas joli. — Quand tu fais un large ourlet, *tu* le bâtis, n'est-ce pas, Rosine ? — A qui écris-*tu*, ma bonne petite mère ? *J'*écris à ton papa, et *je* lui dis combien sa petite Désirée a été sage.

155ᵉ Th. *Je* finis ma tâche, et *tu* finis la tienne ;
Je grav.. un monticule, et *tu* en grav.. deux ;
Je conf.. une prune, et *tu* en conf.. trois ;
Je ne contred.. personne ; et toi, contred..-*tu* quelqu'un ?

(1) *Gâchis* est formé du verbe gâch-er ; — *vernis*, de vern-ir ; — *coloris*, de color-er ; — *lavis*, de lav-er ; — *semis*, de sem-er.

Ainsi que vous le voyez ici dans je lis, *tu* écris, *etc., etc.* :

On termine *souvent* par is les verbes joints à *je* et à *tu*, et qu finissent en *i* (1).

REMARQUE. — On termine par un s les verbes joint à JE ou à TU, et qui finissent par I (OI, U, IN, AI, etc.), lors qu'ils viennent d'un infinitif en IR, FINIR (en RE, REN DRE; ou en OIR, APERCEVOIR). Exemples: Je *finis*, t *sortis*; — je *vois*, tu *crois*, — je *sus*, tu *lus*; — je *vins* je *tins*, je *tiens*; — je *contrefais*, tu *défais*, etc.).

157ᵉ Dictée. — **1°** A quoi passes-tu tes va cances, Anatole ? Le matin *je* lis un peu, j'écri sous la dictée, ou bien *je* fais (2) une copie, c ensuite *je* jouis d'une pleine (2) liberté : alors j poursuis des papillons, je grimpe aux arbres, j gravis des montagnes; enfin *je* me réjouis... = **2°** A qui écris-*tu* là, (*toi*) dis-le-moi ? — *Tu* d à Septime que les branchies ou les ouïes des pois sons leur servent à respirer; (*toi*) dis-lui qu'elle sont pour eux des sortes de poumons. — *Tu* pâ lis, Olivier, tu es fatigué; (*toi*) finis ici ta prome nade.

116ᵉ LEÇON,

ou : Dieu maudit *le démon, et il* punit *Ève.*

Mettre v sous les verbes.

157ᵉ Copie. — **1°** Le *blé* mûrit, la moisso est prochaine ! vous vous réjouirez bien ! — *Léo* *cadie* fuit le travail, *elle* suit son inclination à l'oisiveté; mais *Dieu* la punit bien, il la livre au

---

(1) On ne termine jamais par *is* les formes du verbe en **er**, comme : Je *prie* (de *prier*); — on oublie (d'*oublier*); — tu *étudies* (d'étu dier); — tu *cries* (de *crier*), etc. : — celles-ci finissent par e ou par **es**.

(2) *Fais* vient de *faire*, fabriquer; — *pleine* vient de *plénitude*,

démon de la paresse, et *elle* s'abrutit. — Une petite *fille* bien élevée ne sourit jamais quand on lui parle. = **2°** *Papa* me dit que le feu est utile à tout ce qui existe. — Quand le fermier va tondre ses moutons, *il* réunit tous ses amis. — C'est un arbre *qui* fournit le coton avec lequel on a fabriqué vos bas.

156e Thème.

Finir par it les mots inachevés.

Pendant que je lis un conte, *Léon* en **lit** deux ;
Tu grandis beaucoup et *Zoé* grand.. aussi ;
Tu écris beaucoup ; et *Carle* écr.., *il* écr.. souvent ;
Je finis le thème d'Alice, et *elle* fin.. celui d —;
Quand tu souris, *on* te sour...

Ainsi que vous le voyez dans Dieu maudit, il punit, *etc., etc.* : On termine *souvent* par it les verbes joints à un *substantif singulier*, ou aux mots *il, elle, on*, etc., et qui finissent en i (1).

REMARQUE. — On termine par un T les verbes joints à un substantif singulier, ou aux mots ON, IL, ELLE, etc., et qui finissent par I (OI, U, IN, etc.), lorsque leur infinitif est en IR (en RE, ou en OIR). Exemple : Dieu **dit** (que la lumière *soit*, et la lumière *fut*. — On *vint*.)

158e Dictée. — **1°** La trombe brise et (*elle*) détruit tout ce qu'elle trouve sur son passage. — *Daniel* prédit au roi étranger toutes ses infortunes, et *Dieu* fit éclater sa protection sur le Juif fidèle. = **2°** Albin avait la fièvre, le *médecin* dit qu'on lui donnât de la quinine ; cette substance est amère, cependant *Albin* la prit sans

(1) Cette remarque ne convient pas plus que la précédente aux formes des verbes en er, comme : le singe crie, on parie, etc., etc. — On trouve sur cette difficulté des exercices comparatifs dans l'*Orthographe enseignée par la pratique aux enfants de 7 à 9 ans.*

sourciller, et *il* guérit : son *père*, charmé de sa sagesse, lui fit acheter deux douzaines de billes d'agate. *Qui* se réjouit ?

=====

117ᵉ LEÇON,

ou : Louis, vous faites trop de bruit avec votre fusil !

NOTA. *Relire la Remarque générale, page 135, et penser que : Louis a pour féminin Louise; — bruit a pour dérivé ébruiter; — du mot fusil on a fait le mot fusiller.*

158ᵉ Copie. — 1° Ma petite Louise, on a fusillé un infortuné soldat avec son propre fusil. — Le petit Louis n'est pas assez bien outillé pour couper cette branche de hêtre, ayez soin de lui procurer quelques outils. = 2° C'est Zélie qui a brodé pour sa maman le joli tapis que le tapissier vient de doubler. — Octavie, vous irez chez la fruitière chercher des fraises, de ce fruit si exquis à l'odorat. Oh! oui, la fraise est bien exquise !

Le son *i* s'écrit par **is** dans *Louis, tapis, exquis,* etc., à cause de *Louise, tapissier, exquise,* etc.;
Le son *i* s'écrit par **it** dans *petit, bruit,* à cause de *petite, ébruiter;*
Le son *i* s'écrit par **il** dans *fusil, outil,* à cause de *fusiller, outiller.*

159ᵉ Copie. — 1° Aline obéit toujours sur-le-champ; Martin, soyez aussi soumis qu'Aline est soumise. — Les paysans sont fort actifs, mais quelquefois avares. — La France est un riche pays, et Paris une magnifique capitale. = 2° La vieille Denise, la mère du petit Denis, est alitée (je vous le dis, mais n'ébruitez pas la nouvelle de son indisposition); ses filles et son fils se sont tenus sans bruit près de son lit, prêts à la soigner.

159ᵉ Dictée. — 1° Mon petit Louis se tenait toujours près de mon lit lorsque j'étais malade, et il se montrait fort soumis à sa mère. — Denis, où avez-vous mis votre fusil? — Tous ceux qui sont nés dans un même pays sont des compatriotes. = 2° Aimez-vous le mouton sur le gril? (1) — Le hibou (2) ne vole guère que la nuit (1). — Regardez, mes fils et mes filles, comme les graines sont en général au milieu du fruit (1). — Qu'on hache (2) ce persil (1).

118ᵉ LEÇON,

ou : Dieu parla à Moïse sur le Sinaï.

160ᵉ Copie. — 1° Loïsa, je t'achèterai en Italie une belle Mosaïque. — L'égoïsme est une disposition, un vice haïssable (2). — Il n'y a pas d'ambiguïté dans les paroles de Moïse. = 2° Le caïman est une espèce de crocodile de l'Amérique. — Mon ami, ta bisaïeule m'a remis pour toi ce superbe fusil; écris-lui d'une manière naïve pour la remercier. — La Genèse est le premier livre écrit par Moïse dans la Bible.

---

(1) De gril on a formé griller; — de nuit, nuitamment; — de fruit, fruitière; — de persil, persillé.

(2) On dit : le hibou, on hache, le haïssable vice; il faut donc hi, ha, haï, etc. Voyez la Remarque, page 124.

157e Thème.

L'Israélite léger désobéissait souvent à Moïse et à Aaron,

Les I—   à Moïse et à Aaron.

Que le prêtre instruise le laïque avec naïveté, simplicité!

Que les—   avec naïveté, simplicité.

Comme vous le voyez dans Moïse, Sinaï, *etc., etc.* :

On écrit par ï (avec deux points ou un *tréma*) l'i qui doit se prononcer séparément de la voyelle qui le précède, — qui doit se détacher dans la prononciation.

160e Dictée. — 1° Adélaïde, tu m'as désobéi, mais tes aveux naïfs me désarment. — C'est sur le Sinaï que Dieu dicta ses lois au fidèle Moïse. — Si vous ne haïssez pas le vice, Dieu vous haïra. = 2° Détachés et replantés, les caïeux peuvent reproduire les plantes. — Aménaïde, tu liras dans la Bible que Noémi est l'aïeule du roi-psalmiste.— Aloïse n'est pas égoïste.

119e LEÇON,

§ Ier, *ou : Aloïse, propose à Rose cette potion.*

Mes enfants, attention! Vous sentez bien que vous prononcez l'o d'une certaine manière dans Aloïse, pro, — et d'une autre manière dans pose, Rose *ou* potion.

Hé bien :

L'*o* de Aloïse, pro—, est appelé O FERMÉ.

L'*o* de pose, potion, est appelé O OUVERT.

(Vous verrez dans quelques-unes des leçons qui vont suivre que le son de l'O ouvert ne se peint pas toujours par un o.)

Faire distinguer les o fermés et les o ouverts dans les Copies ou les Dictées qui suivent.

161° Copie. — 1° Rosa, quel joli hochet (1) !
— Olivier, voulez-vous me mener visiter à l'O-
rangerie l'exposition publique des rosiers ? —
Promenez-vous dans ma roseraie. = 2° En France,
certaines classes d'archers portaient un hoqueton (1) ou casaque brodée, ma **Rosalie**. — La dé-
votion, la piété de Monique a obtenu la conversion
de son fils. — Les peuples méridionaux font souvent des **lotions**.

158° Th. L'hypocrite compose son visage,
    Les h—.
Rose est indisposée, prépare-lui une **potion**,
    Rose et Lucie s—, préparez-leur d—.

Vous le voyez dans pose, potion, Rose, *etc., etc. :*
Le son de l'o ouvert se peint souvent par o avant un s qui a le
son du z, — et dans les mots en *otion*.

161° Dictée. — 1° Noblesse impose ! — Fénelon a composé ses fables en prose, tu les liras. — Rosalie a le hoquet (1), qu'elle boive
quelque chose. — Les États de Salomon se com-
posaient des douze tribus d'Israël. = **2°** Le
mortel propose, et c'est Dieu qui dispose. —
Les peuples nomades forment des hordes (1) ; ils
vivent sans demeures fixes, exposés souvent au
soleil, à la pluie. — Les peuples barbares ont
quelques **notions** de civilisation.

---

(1) Puisqu'on dit *le hochet, le hoqueton, le hoquet, des hordes,*
vous comprenez qu'il faut ho. (Voir page 124.)

§ II, *ou : Le petit drôle assure qu'un gnome*
lui a parlé à Dodone.

162ᵉ Copie. — 1° Un môle est une construction solide faite sur une côte, une jetée destinée à rompre l'impétuosité des vagues. — Quelle est cette marque sur ma timbale? C'est le contrôle (1), Gaston. = **2°** Ah! Jérôme, que le dôme des Invalides est grandiose! — La mouche n'est qu'un atome à côté du lion. — La Guinée et une partie de la Cafrerie, en Afrique, sont dans la **zone** brûlante; les Finlandais sont près de la **zone** glaciale.

Vous le voyez dans rôle, gnome, Dodone, *etc., etc. :*
Pour peindre le son de l'*o* ouvert, on met un **o** dans beaucoup des mots terminés en ôle, en **ome** et en **one**.

162ᵉ Dictée. — 1° Le môle de Barcelone est fort élevé, et l'on a vu les vagues furieuses passer quelquefois par-dessus! — Aimerais-tu, Nicolas, à voyager jusqu'aux glaces des **pôles**, à visiter les nations hyperborées? — Soyez toujours économe. = **2°** Respirez donc l'arôme de ces roses du roi, il est d'une suavité exquise. — Écoute bien ceci, Adélaïde : une figure octogone a huit angles, le décagone est une figure à dix angles, le dodécagone en a douze, etc.

120ᵉ LEÇON,

§ Iᵉʳ, *ou :* **Augusta,** *quel énorme chaume!*

163ᵉ Copie. — 1° Augustine, le zéro ne dé-

---

(1) L'accent circonflexe se place sur l'o de **tous** les mots en *ôle,* — et sur l'o de *quelques* mots en ome et en one.

signe par lui-même aucun nombre. — Si tu trouves quatre pauvres à la porte d'une église, et que tu distribues à chacun une aumône de deux sous, combien de sous auras- (1) tu distribués, Pauline? = 2° Sais-tu, Laure, que les peuples de la Nigritie sont presque sauvages? — Travaillez sans lever la tête, et le pré de Claude se trouvera fauché; vous savez ce que dit le proverbe : Maille à maille se fait (1) le haubergeon (2).

159e Thème.

Le haubergeon (2) était une sorte de cuirasse, etc.,
    Les h—   des s—.
La petite fille bien élevée ne hausse jamais l'épaule.
    Les p—   les é—.

Comme vous le voyez dans Augusta, chaume, *etc., etc.* :
Le son de l'o ouvert se peint le plus souvent par au au commencement et au milieu des mots.

163° Dictée. — 1° Guillaume coupera une cinquantaine d'aunes dans mon aunaie. — Tu sais, **Augustin**, que le royaume de Juda et le royaume d'Israel se formèrent des États de Salomon. — Les taupes, dis-tu, vivent d'insectes et de fruits? = 2° Ma Paule, par une soustraction tu retrancheras un nombre d'un autre nombre. — Sèche ces feuilles de mauve et de sauge, ma petite Laure. — Les sauterelles, les grillons, etc., sont-ils des insectes, mon petit Paulin?

---

(1) A*uras* est formé d'av*oir* ; — *fait,* de *faire, fabriquer.*
(2) Vous comprenez pourquoi l'on doit ici mettre **hau** (p. 124).

§ II, *ou : Ce fabliau est un véritable joyau.*

164ᵉ Copie. — Mon père, à quoi servira donc le tuyau que l'on place dans le préau de la prison? — L'Anglais mange l'aloyau très-peu cuit. — Auguste a pris ce matin neuf roitelets avec mon gluau. — Les gerbes sont sous le fléau.

Comme vous le voyez dans fabliau, joyau, *etc., etc. :*
Après une voyelle on met en général au à la fin des mots pour peindre le son de l'o ouvert.

164ᵉ Dictée. — Aimes-tu le gruau, Denis? — On garnit les violons, les guitares, les harpes, avec de la corde de boyau. — Que la peste est un redoutable fléau! — J'en suis certaine, c'est avec ce hoyau qu'Aubin creusa un trou pour planter votre noyer. — Je vous lirai un joli fabliau, Pauline.

121ᵉ LEÇON,

ou : Aubin, voilà du turbot et des haricots.

165ᵉ Copie. — 1° Le cachalot n'est pas un poisson, c'est un cétacé, et des plus gros; quant aux turbots, ce sont, comme les soles, les limandes, etc., des poissons plats. — En Juillet, on mange des abricots. = 2° On mesure les haricots au litre, au décalitre, etc. — Avez-vous vu des bas feutrés de matelots? — Le pavot est somnifère. — Je finis pour Aménaïde une jolie guirlande de bluets et de coquelicots!

160. Thème.

Le menuisier man*ch*ot poussait mal son ra*b*ot,

Les m—   mal leurs r—

Ce haricot a été rongé, dévoré, par un escar*g*ot,

Ces h—.   des e—.

Vous le voyez dans turbot, haricot, *etc., etc.* :
Après une consonne on met en général o t à la fin des mots pour peindre le son de l'*o* ouvert.

165ᵉ Dictée. — **1°** Un *s*ot trouve toujours un plus *s*ot qui l'admire ! — La corne du pied des animaux qui vivent de végétaux est désignée par le *m*ot de sa*b*ot. — Pas tant de bruit, petits mar*m*ots ! = **2°** Vous êtes trois, voilà neuf abri-*c*ots, combien chacun de vous en aura-t-il ? — Les capsules des pa*v*ots, comme les gousses des haricots, sont sèches lorsqu'elles sont mûres. — Luci*l*e a un hochet tout garni de gre*l*ots.

122ᵉ LEÇON,
ou : Quel beau perdreau, mon père !

166° Copie. — **1°** Ah ! que votre cachemire est **beau** ! vos plumes sont bien belles aussi ! — Je conduirai dans les sables de l'Arabie un cha-meau et une chamelle. — L'oiseau (1) de ri-vage a le bas de la jambe nu. = **2°** Voilà mon couteau (1), Maurice, voulez-vous casser ce noyau d'abricot, et (*voulez-vous*) dépouiller ce cerneau (1) de sa coque ? — Quittez ce batelet, Gustave, venez dans mon bateau.

---

(1) *Oiseau* a pour dérivé *oiselier*; — *couteau* a *coutelier*; — *cerneau* a *cerner*.

167e Copie. — 1° Laure, dévidez pour votre mère cet écheveau (1) de filoselle. — Voulez-vous un petit drapeau (1) ? — Prenez du vin de Champagne dans mon petit caveau (1), Zénaïde. = 2° Arsène a tué un lapereau (2), deux cailles et un petit cailleteau. — Le chevreau (2) bêle : il suit sa mère, il broute les feuilles de chaque arbrisseau (2) ; qu'il est joli ! — La poule a recherché, et elle mangera ce vermisseau (2).

Ainsi que vous le voyez dans beau (de *belle*) ; — perdreau (diminutif de perdrix), *etc., etc.* :
On termine par e a u, 1° les mots qui ont un dérivé où l'on entend un *e* ; — 2° les diminutifs en *eau*.

166e Dictée. — 1° Augusta, terminez par e a u tous les mots qui ont un dérivé où l'on trouve un *e* ; vous en voyez ici : — Des *châtelains* et des *châtelaines* sont réunis dans ce château. — Fidèle a le museau malade, sa *muselière* le blesse. = 2° Le merle est un passereau (3), comme l'oiseau-mouche, les pies-grièches, etc. — Le lin se file à la mécanique, ou bien au fuseau (3) et au rouet. — Qu'Adèle était jolie dans son berceau (3) !

167e Dictée. — 1° Un nombre considérable des naturels de l'Afrique ont la peau (4) noire.

---

(1) *Écheveau* a pour dérivé *chevelure* ; — *drapeau* a *drap, draper* ; — *caveau* a *cave*.

(2) Le *lapereau* est le petit du *lapin* ; — le *chevreau* est le petit de la *chèvre* ; — un *arbrisseau* est un petit *arbre* ; — un *vermisseau*, un petit *ver*.

(3) *Passereau* a pour dérivé ou analogue *passer, passerelle* ; — *fuseau* a *fusée* ; — *berceau* a *bercer*.

(4) *Peau* a pour dérivé *peler*.

— As-tu vu le magnifique drapeau que mes tantes brodaient? — Maman, voulez-vous que je conduise le bateau? = **2°** Écoutez bien! terminez encore par **e a u** les diminutifs en **eau**, tels que : un cordeau (1), un chevreau, un lapereau, un faisandeau, un carpeau, un closeau, un coteau, etc., etc.

123ᵉ LEÇON,

ou : Avec mes gluaux prenez tous ces oiseaux.

Écoutez, petits amis :

Les mots terminés au singulier par AU finissent au pluriel par AUX.

168ᵉ Copie. — **1°** Jetez votre noyau; n'avalez jamais les noyaux, Augustine. — L'aigle est un oiseau de proie, c'est-à-dire un oiseau qui chasse les autres oiseaux pour les manger. — As-tu marché (2) au milieu des eaux pour t'être procuré (2) ces roseaux? = **2°** Mon père a dans sa ferme de nombreux troupeaux; beaucoup de moutons, de brebis, d'agneaux; de chèvres et de chevreaux; il y a aussi des taureaux, des vaches et des veaux.

161ᵉ Thème et 162ᵉ.

1. L'agneau (3) broute le serpolet,
Les a—   le serpolet.

---

(1) *Cordeau* signifie *petite corde*; — *chevreau, petite chèvre*; — *lapereau, petit lapin*; — *faisandeau, petit faisan*; — *carpeau, petite carpe*; — *closeau, petit clos*; — *coteau, petite côte*, etc.

(2) Voyez la remarque, page 151, 100ᵉ leçon.

(3) *Agneau* a pour dérivé *agnelet*.

La poule a été croquée par un renard**eau** (1),

    Les p— été cr—.

Le Finlandais voyage en traîn**eau** (2),

    Les F—   sur des tr—.

2. La louve fuyait avec son louvet**eau** (1),

    Les l—.

Ce jeune souric**eau** (1) n'avait rien vu,

    Ces j—.   rien vu.

Que le plombier place ici son tuy**au**,

    Que les p—.

168ᵉ **Dictée.** — **1°** La moisson est finie, les gerbes sont dans la grange; venez tous ici avec vos flé**aux**. — Casse tes noy**aux** de pêche, Ambroise. — Les manchots, les pingouins, et quelques autres ois**eaux** palmipèdes ne volent point. = **2°** C'est la fille du roi elle-même qui sauva Moïse des **eaux**. — Mes frères ont tué deux cailles, sept caillet**eaux**, une bécasse, quatre bécass**eaux**, trois perdr**eaux**, une hase, un lièvre et deux laper**eaux**,

*Dans : Que ce cheval est beau ! — Tous les che***vaux** *sont-ils aussi* b***eaux** ?

Vous pouvez remarquer que :

Les mots qui finissent en ᴀʟ ou en ᴀᴜ au singulier font leur pluriel en AUX.

Et que :

Les mots dont le singulier est en ᴇᴀᴜ font leur pluriel en EAUX.

---

(1) *Renardeau* signifie *petit renard*; — *louveteau, petit loup;* — *souriceau, petite souris.*

(2) *Traîneau* a pour dérivé *traîner.*

169ᵉ Copie.

(Nous plaçons ici le singulier entre parenthèses, l'élève ne devra pas le copier.)

1° En général les **canaux** (*canal*) réunissent les **eaux** (*eau*) de deux fleuves ou de deux rivières. — Augustine, voulez-vous me faire deux petits paniers avec ces noy**aux** (*noyau*)? = **2°** L'eau est utile aux végét**aux** (*végétal*) comme aux ani**maux** (*animal*). — La France est un des plus b**eaux** (*beau*) pays de l'Europe. — Préparez les mét**aux** (*métal*), et fondez des tuy**aux** (*tuyau*) pour la conduite des **eaux** (*eau*).

────

124ᵉ LEÇON,

ou : Le laudanum est une préparation d'opium.

170ᵉ Copie. — Le bec-de-pigeon est une espèce de géran**ium**. — Maman, je voudrais bien que mon père me menât au Musé**um**; j'aime les beaux tableaux. — On a chanté un Te De**um** après la bataille de Solférino. — Madame, voulez-vous me montrer tous les dessins qui sont dans les jolis alb**um**s d'Anna?

Ainsi que vous le voyez dans laudanum, opium, géranium, *etc.* : On termine par **um** beaucoup de mots en *ome* venus du latin, parce qu'ils ont encore conservé leur forme latine.

169ᵉ Dictée. — L'op**ium** se tire des capsules du pavot, l'op**ium** a une qualité soporative. — Le maxim**um** est le degré le plus élevé, le minim**um** est le moindre degré d'élévation. — O maman, quels beaux géraniums rouges au pied du catalpa ! quelle jolie corbeille ils forment !

125e LEÇON,

ou : Vous avez chaud et vous êtes las, prenez quelque repos.

Remarquez que chaud *a pour féminin* chaude, *et que de* repos *on fait* reposer.

Nota: *Relire la Remarque générale, page 135.*

171e Copie. — 1° L'arbre duquel on retire le coton se cultive dans les pays chauds, la chaleur lui est nécessaire. — La vipère est brune, avec une ligne noire (en zigzag) sur le dos. — Julie, ne monte pas sur le dossier de ce fauteuil ; tu tomberais. = 2° Tu sauras (1), Marie, que le Juif idolâtre sacrifiait sur les hauts (1) lieux aux divinités étrangères. — Dimanche, à vêpres, comme les psaumes ont été mal psalmodiés !

On termine *chaud* par **aud** à cause de ses dérivés *chaude, chaleur*, etc., etc.
On termine *repos* par **os** à cause de *reposer, reposoir*, etc., etc.

170e Dictée. — 1° Tu failliras souvent, mon fils, tu feras de lourdes fautes, tu contracteras des défauts même, si tu n'écoutes pas les conseils de ta mère. — Le soleil est quatorze cent mille fois plus gros (2) que notre globe. = 2° Voyez

---

(1). *Sauras* est formé du verbe *savoir* ; — *h*aut a pour dérivés *haute, altesse.*

(2) *Gr*os a pour dérivé *grosse.*

des saltimbanques, quelle agilité ils montrent! quels sauts! — Tu n'auras pas mes osselets d'ivoire, Albin. — Un os lui demeura (au loup) fort avant au gosier. — Mon caniche a des crocs ou crochets énormes.

126e LEÇON,

ou : Une tortue était à la tête légère...

172e Copie. — 1° La vue se repose agréablement sur les richesses de la campagne. — Savez-vous, ma Perpétue, que les Arabes tirent leur origine les uns d'Esaü, les autres d'Ismael? = 2° Les hérons ont les jambes nues, longues et grêles comme les cigognes, les grues, les autruches, etc., etc. — L'écrevisse crue est grisâtre, et cuite elle est rouge.

163e Thème.

Copier, — écrire une phrase analogue au pluriel.

Mauvaise graine est tôt venue!

Les m—!

Ma Perpétue, ferme la huche!

Anna et Perpétue, f—!

Vous le voyez par une tortue, la vue, *etc., etc. :*
On écrit le son *u* par *ue* à la fin des mots féminins.

171e Dictée. — 1° Tu chantes sans cesse à table, tu as une bien mauvaise tenue. — Les plumes des oiseaux tombent lorsqu'ils sont dans la mue. — L'Océanie se compose d'une multitude d'îles répandues dans l'Océan. = 2° Léon a plongé la moitié de sa baguette dans les eaux du fleuve, il l'a **crue** brisée ; sa **vue** le trompait. — Le chêne aux bras noueux élève sa tête jusqu'aux **nues**.'

173ᵉ **Copie.** (*Supplément.*) — Ne rebutez jamais les pauvres. — Ces étoupes qu'on a jetées dans la rue sont les rebuts de nos filasses. — L'ivrogne qui fait abus du vin altère sa santé, et abuse des dons mêmes de Dieu.

172ᵉ **Dictée.** — 1° Souvent la perte d'une bataille met la confusion dans une armée. — Gravissez la montagne, bien ! Ne voyez-vous pas au-dessous de vous et au loin un amas confus de maisons ? C'est là que vous êtes née, Aline. = 2° Hier je crus (1) que Lucile tombait, je fus (1) très-émue ; et elle ne s'en aperçut (1) même pas.

127ᵉ LEÇON.

§ Iᵉʳ, *ou : Partez* **en** *voiture,* **entre** *midi·et midi et demi.*

174ᵉ **Copie.** — **En** toute chose il faut considérer ⁊ fin. — Mes amis, vivez **en** bons frères ! qu'**entre** vous tout se partage ! que la plus grande union règne toujours **entre** mes fils !

Vous le voyez : **En** et **entre**, invariables, s'écrivent par *en*.

_____

(1) Revoyez pour les verbes en *us, ut,* les remarques, p. 168 et 169.

173º Dictée. — (*Toi*) Dis-moi qui tu hantes, et je te dirai qui tu es ! dit le proverbe. Ne hante donc jamais **en** de mauvais lieux ! — **Entre** les plus beaux tableaux on cite la Transfiguration.

§ II, *ou : Léon s'est* **en***dormi et* **r***en***dormi** *avant de régler l'*entre*prise.*

175º Copie. — 1º Il faut de ses amis **en**durer (1) quelque chose. — En botanique, la hampe est la tige qui n'est pas **en**tourée (1) de feuilles et de rameaux. — Près du Havre, à l'**em**bouchure (1) même du fleuve, nous nous sommes **en**sablés (1). = **2º** Votre visage est tout **en**sanglanté (1) ! — Savez-vous **em**pailler (1) les oiseaux ? — Grand nombre d'animaux s'**entre**-dévorent, mon ami, n'**entre**prenez pas d'**en** copier la liste.

176º Copie. — 1º Nos tuyaux sont **en**gorgés (2). — Comme ce pigeon se **ren**gorge (2) ! — La tortue est **ren**fermée (2) dans une double cuirasse solide, celle qui couvre son dos est la carapace. — La mue cesse, nos oiseaux se **rem**plument (2). = **2º** Le petit Albin s'est **en**têté (2) à grimper sur le dos du fauteuil de son père, et il est tombé à la **ren**verse (2) ; tant pis pour l'**en-**

---

(1) **En**durer est un mot composé avec *dur* ; — **en**tourée, avec *tour* ; — **em**bouchure, avec *bouche* ; — **en**sablés, avec *sable* ; — **en**sanglanté, avec *sang* ; — **em**pailler, avec *paille*.

(2) Dans **En**gorgés, **ren**gorge. — **ren**fermée, **rem**plument, **en**têté, **ren**verse, on trouve l'invariable **en** (ou **ren**), et les mots *gorge*, *fermé* (de *fermer*), — *plume*, *tête*, *verse* (de *verser*).

têté! — Le lion dans sa tête avait une grande **entre**prise. — Tâchez de ne vous **entre**-nuire jamais.

164e Thème et 165e.

1. Le bon fils **en**toure son père et sa mère de soins,
    Les b—   leurs p—.
Votre grand **em**plâtre ne me guérirait pas,
    Vos gr— **em**—.

2. L'**entr**'acte finissait, l'**em**ployé **ren**trait,
    Les **entr'**—.
Ma meringue est trop peu **rem**plie,
    Mes m—.

> *Comme vous le voyez par* endormi, **ren**dormi, **entre**prise, *etc.* :
> On écrit avec **en** (**em**) tous les mots commençant en *en*, en *ren*
> et en *entre*, qui sont composés des invariables *en* ou *entre*.

174e Dictée. — 1° Ne tenez pas à faire toujours ce que vous avez **en** *tête;* car si vous êtes **en**têtée, Sidonie, qui vous aimera? — La pêche de la morue, comme celle des espèces voyageuses de poissons, **en**richit (1) beaucoup de nos compatriotes. = 2° Si tu lis bien toute une semaine, je placerai au chevet de ton lit une belle gravure **en**cadrée (1), cette Vierge tout **en**tourée d'anges.

175e Dictée. — 1° Vous avez été sage, Marguerite, venez m'**em**brasser (2). — Les tables de la Loi étaient **ren**fermées (2) dans l'Arche. — Dans l'antiquité, les sabliers **rem**plaçaient (2) nos montres, on se servait aussi de cadrans

---

(1) En*richit* est formé de *en* et de *riche ;* — **en**cadrée, de *en* et de *cadre.*

(2) Em*brasser* est formé de *en* et de *bras;* — **ren**fermées, de *en* et de *fermer, fermées;* — **rem**plaçaient, de *en* et de *place.*

solaires, etc. = **2°** Voyez donc, Zénaïde, comme les vagues s'**entre**-choquent, on dirait des montagnes d'eau. — Notre jardin est **entrecoupé** de canaux, aussi voyez-vous les belles pelouses?

128e LEÇON,

*ou : Méfiez-vous de la prop***ension** *que vous avez aux* pré**tentions**.

177e Copie. — **1°** Dieu hait la dissen**sion** entre frères. — La chambre à coucher et le salon de ma mère sont d'égale dimen**sion**. — La déten**tion** de l'infortuné Louis XVI a duré plus de cinq mois. = **2°** Vous serez toujours sans pré**tentions**, n'est-ce pas? — Ma Claire est en **pension** depuis une huitaine. — Ne fais jamais la moindre chose avec une mauvaise inten**tion**.

166e Thème.

Une trêve est une susp**ension** d'armes,
  Les tr—

La trêve est conclue par suite d'une conv**ention** entre
                                    deux États.
  Les tr—.

Comme vous le voyez dans propension, prétention, *etc., etc.:*
On met presque toujours **en** dans les mots en *ension* ou *ention*.

176e Dictée. — **1°** Aglaé, voici les vacances, Augustine sortira de **pension** Samedi; j'ai pris mes dimen**sions** pour qu'elle passe avec nous trois semaines : quelles belles parties vous ferez! = **2°** L'inven**tion** si importante de l'imprimerie est due au quinzième siècle, celle du télescope au dix-septième. — Un concordat est une convention entre un roi et le pape.

129e LEÇON,

§ 1er, ou : *Un meunier et son fils voulaient* **vendre** *leur âne.*

178e Copie. — **1°** Quel bruit tu fais, Auguste, on ne peut plus s'en**tendre** ici; c'est à **fendre** la tête, en vérité! — Un bûcheron perdit sa cognée; il n'avait pas d'outils à **revendre**, il pria donc les dieux qu'ils la lui **rendissent**. = **2°** Les Alpes s'é**tendent** entre la France et l'Italie qu'elles séparent. —Oiselier, **tendez** vos filets. — A quoi te servent tes oreilles, Antoine? A t'en**tendre**, petite mère. Et ta langue? A t'exprimer combien je t'aime.

167e Thème.

Si mon fils **tend**ait ici un filet, il pr**end**rait ce coucou,
    Si mes f—.
Une carpe f**end**ait l'onde avec rapidité.
    Deux c—   avec rapidité.

Vous le voyez par vendre, entendre, *etc., etc.:*
On écrit avec **en** les mots des verbes en *endre.*

177e Dictée. — **1°** Prendre la moitié d'un nombre, c'est le diviser par deux. — Qu'on étende ces chemises et ces draps afin qu'ils sèchent. — Quand donc, ma tante, entreprendras-tu ton voyage? = **2°** Certains singes se suspendent aux branches. — Ma mère, je te surrendrai par ma sagesse. — En place de vos ḷuaux, employez vos filets, Gabriel, **tendez-les** ẹi ; vous pren**d**rez beaucoup d'oiseaux.

178ᵉ Dictée. — **1°** L'oiseau lustre ses plumes vec une sorte de graisse pour les **rendre** impé-étrables à l'eau. — Le reptile suspend à vo-ṇté sa respiration. — Qui a **vendu** cet oiseau à ̣ouis ? = **2°** Quand tu es au jardin avec moi, serais-ụ bien aise de m'**entendre** dire : Je voudrais que ̣onstance retournât au salon ? C'est pourtant ce ụi arrivera si tu te **rends** (1) importune.

§ Iᵉʳ, *ou : Pour* **tenter** *Ève le démon* **mentit.**

179ᵉ Copie. — **1°** C'est une cruauté de tour-nenter les animaux. — Le troisième (fils) tom-ḅa d'un arbre que lui-même il voulut **enter.** —Ạvant l'invention de la boussole les marins ne ̣ouvaient pas s'ori**enter** sur l'Océan. = **2°** Ṗarmi les faisans on distingue le faisan doré et ̣e faisan argenté. — Croirais-tu qu'Aspasie **men**-ːait quelquefois ? Comment ne s**entait**-elle pas ụu'elle faisait mal ? — Les eaux du fleuve se ral**en**-ːissent ici dans leur course.

Comme vous le voyez par tenter, mentir, *etc., etc.:*
On met **en** dans *beaucoup* de *verbes en* enter *et en* entir.

179ᵉ Dictée. — **1°** Faites tout ce que vous ẹouvez pour ne mécont**enter** ni votre père ni vo-

(1) On met ici un **s** après le *d* parce que le verbe **rends** est ajouté ̣à *tu*. Pour l'orthographe des verbes, voir *Éléments de Grammaire* ̣pratiquee; — et *l'Orthographe enseignée aux enfants de 7 à 9 ans.*

tre mère. — L'oisiveté pèse et tourmente. — Les contrées qui manquent d'eau ne présentent rien que d'aride et de stérile. = 2° Nos colonies servent à alimenter la métropole. — Rien ne ralentit le zèle des religieuses qui soignent les malades. — Ne prétendez jamais contenter tout le monde.

§ II. — MOTS ANALOGUES.

D'après le principe énoncé dans la Remarque générale de la page 135 :

On doit mettre en dans les mots dérivés des verbes en endre, — et de beaucoup de verbes en enter et en entir.

180ᵉ **Dictée.** — **1°** Quelle eau limpide coule de la fente (1) de ce rocher? C'est une source, Léon. — Achetez du papier de tenture, et faites tendre à neuf votre chambre à coucher. = **2°** En général, les métaux peuvent s'étendre beaucoup; ils sont très-extensibles. — Pourquoi Ève consentit-elle à la demande du tentateur (1)?

181ᵉ **Dictée.** — **1°** C'est par les sens que vous pouvez éprouver des sensations (1), c'est-à-dire juger de toutes les choses qui vous entourent; il y a cinq sens. = **2°** Si l'on barbouillait de suie tous les petits écoliers et toutes les petites écolières qui mentent, il y en aurait bien peu qui oseraient faire un mensonge. — Fi! la vilaine menteuse!

---

(1) *Fente* est analogue à *fendre*; — *tentateur*, à *tenter*; — *sens, sensation*, sont analogues à *sentir*.

130e LEÇON,

*u : Les vivipares, ce sont les animaux dont les petits
en venant au monde sont tout vivants.*

Remarquez que : Venant *est formé du verbe* ven-ir; — vivants,
u verbe viv-re, *par un* CHANGEMENT *de lettres dans la fin du verbe.*

180e Copie. — 1o En nageant (1), la femelle
les poissons sème en quelque sorte ses œufs qui
ombent dans les ondes : en traversant (1) les
aux, les rayons du soleil les animent, et de
etits poissons en sortent. = **2e** Tous les animaux ruminants (1) : moutons, chèvres, gira-
es, etc., etc., ont des pieds fourchus.— On hasarde
le perdre en voulant (1) trop gagner. — Alexan-
ire, Charlemagne et Napoléon se sont montrés
les conquérants (1) redoutables.

168e Thème.

'animal ruminant (1) est très-important (2) dans une
                                                    ferme,
    Les a—.

e serin est tout formé en sortant (2) de sa coquille,
    Les s— tout f—en sortant de   1—.

Vous le voyez par venant (de ve-nir), — vivant (de vivre), *etc.:*
On termine par **à n t** tous les mots qui sont formés d'un *verbe*
ont on a changé les dernières lettres en ant.

182e Dictée. — 1o En s'étendant (3), en se
livisant (3), les racines pompent, en une infinité

---

(1) *Nageant* est formé du verbe *nag-er.* — *Traversant,* du verbe
*travers-er;— ruminants, de rumin-er; — voulant, de voul-oir; —
conquérants,* de *conquér-ir.*
(2) *Important* est formé du verbe *import-er;—sortant, de sort-ir.*
(3) *Étendant* est formé du verbe *étend-re; — divisant, de di-
is-er.*

de lieux, la substance qui fera vivre les plantes. — Si tu tourmentes Brillant (1), il te mordra, prends garde! = **2°** Dieu a mis au-dessus de nos têtes une multitude d'astres flamboyants (1). — Pourquoi ton bras est-il saignant (1), Octave? Papa, je me suis égratigné en tombant (1) sur le sable.

183ᵉ Dictée. — **1°** Savez-vous, mon petit Michel, que les poissons volants (2) peuvent s'élever au-dessus des eaux avec leurs nageoires? — A quoi voulez-vous jouer? au sabot, aux quilles, au volant? Je préfère le volant. = **2°** Alexandre, roi de Macédoine, s'est montré un des conquérants les plus extraordinaires. — Est-ce en épelant, en copiant, ou en écrivant sous la dictée que tu apprends le plus, Clara ?

131° LEÇON,

*ou : Le from**ent** est assuré**ment** la meilleure espèce de blé.*

181ᵉ Copie. — **1°** Dieu bénit les âmes charitables qui procurent à ses pauvres des **aliments**, et des vête**ment**s chauds. — Lorsque le poisson suspend le mouve**ment** de ses nageoires, il reste inévitable**ment** à la même place. = **2°** Je vous parle très-sérieuse**ment**, Alexandre et Gaston,

---

(1) *Brillant* est formé du verbe *brill-er* : — *flamboyant*, de *flamboy-er* ; — *saignant*, de *saign-er* ; — *tombant*, de *tomb-er*.

(2) *Volant* est formé du verbe *vol-er* ; — *copiant*, de *copi-er* ; — *épelant*, d'*épel-er* ; — *écrivant*, d'*écri-re*.

je vous défends de jouer avec ce mauvais garnement. — Ma petite Marcelle lit admirablement bien, et elle écrit déjà fort joliment, je vous assure.

169e Thème.

Quel monument superbe s'élève en ce moment!
Quels m — !
Que l'élève répète lentement ce fragment de poésie,
Que les él—   de poésie.

Ainsi que vous le voyez dans froment, assurément, *etc., etc.* :
On termine par **ment** les substantifs et les invariables en *man*.

184e Dictée. — 1° Les animaux et les végétaux ont été créés pour notre agrément comme pour notre utilité. — Antonine, vous chuchotez continuellement en compagnie, et rien' n'est plus grossier, assurément. = 2° L'Afrique, recevant directement les rayons du soleil, renferme véritablement les climats les plus chauds. — Tu ne resteras donc pas un moment sans remuer? petite chèvre! petit mouvement perpétuel !

132e LEÇON,

ou : Dieu est patient, il est lent à punir.

Remarquez que de : *Patient, lent,* on peut former les verbes *patienter, ralentir,* par l'addition des deux lettres *er, ir.*

182e Copie. — 1° Les mâchoires du serpent (1) sont armées de dents (1) pointues, et

---

(1) De *serpent, dent, évent;* — puis *lent, diligent, vent, violent, orient,* on peut, en ajoutant deux lettres à la fin, former les verbes *serpenter, édenter, éventer;* — puis *ralentir, se diligenter, venter, violenter, orienter.*

quelquefois de crochets à venin, sortes de dents creuses et mobiles. — Quelle tête à l'évent (1) que Mina ! = 2° Paulin, tu es trop lent (1), hâte-toi donc ! montre-toi diligent (1). — Un vent (1) violent (1) a brisé deux statues aux Tuileries. — Les peuplades de l'Orient (1) mâchent presque toutes du bétel.

170e Thème.

Comment trouves-tu ce joli bracelet d'arg**ent** (argenter) ?
Comment trouvez-vous c—   d'arg**ent** ?
Le petit écolier qui est l**ent** (ralentir) ne joue presque
jamais,

Les p—.

Ainsi que vous le voyez dans patient (analogue à patient-er), **lent** (analogue à ralent-ir), *etc., etc.* :

On met ent à la fin de la plupart des mots en *an* dont on peut, en y ajoutant deux lettres, former des verbes en *enter* ou en *entir*.

185e Dictée. — 1° Ne parlez jamais mal des absents (2). — Le démon prit la forme du serpent pour tenter Ève. — Maman, vous ne faites pas d'assez fréquentes (2) visites à la marchande de croquignoles. = 2° Ma petite Marie, je suis bien contente (2) de toi; tu as cherché à être toujours patiente (2) et douce, je veux te faire un présent (2) : j'ai là une poupée, un gros bouquet de roses, un joli livre : choisis !

---

(1) Voir la note page 193.

(2) Des adjectifs *absent, fréquent;* — puis *content, patient, présent,* on peut, en y ajoutant deux lettres, former les verbes *absenter, fréquenter;* — *contenter, patienter, présenter.*

133e LEÇON,

ou : Le riche et l'indigent sont égaux devant
Dieu.

Remarquez que : **Indigent** *n'est pas du tout formé d'un verbe,*
— *et qu'il a pour dérivé* indigente *où l'on entend un* **t.**

183e Copie. — **1°** Laurent (1), le couchant
ou l'occident (1) c'est le côté où le soleil vous
a paru se coucher. — Les peuples de l'Orient
sont ardents (1) pour ce qui les charme, et ils
sont indolents (1) pour le travail. = **2°** L'endroit où un ruisseau mêle ses eaux à celles d'une
rivière ou d'un fleuve en est le confluent (1). —
Mon père sera toujours mon premier confident (1) ; il est si indulgent (1) et si prudent (1) !

171e Thème.

Voyez ce pauvre soldat manchot, comme il est impotent!
    Voyez ces p—!
L'Amérique forme à elle seule un continent,
    Les deux A—   un continent.

Vous le voyez par indigent, Laurent, occident, ardent, *qui forment les mots* indigente, Laurentine, occidental, ardente, *etc., etc.,*
et ne viennent d'aucun verbe :
On met **ent** à la fin des mots en *an* qui ne sont pas du tout formés d'un verbe, — et ont un **t** dans leurs dérivés.

186e Dictée — **1°** Clément (2) est turbulent (2), et quelquefois insolent (2). — Impru-

_____

(1) Les mots *Laurent, occident, ardent, indolent* ; — puis *con-*
fluent, confident, indulgent, prudent, impotent, continent 1° ne
viennent pas d'un verbe : — 2° ont un **t** dans leurs dérivés : *Lau-*
rentine, occidentale, ardente, indolente, — *confluente, continental,*
etc., etc. : — voilà pourquoi on doit les terminer par *ent.*

(2) *Clément, turbulent, insolent, imprudent, indécent* ; — puis

dent (1), ne marche pas si près de la rivière ! — Ne croisez pas vos jambes, Aglaé, cela est indécent (1) = 2° Les opulents (1), les riches, ceux qui sont aisés seulement, doivent à l'indigent (1) les aliments nécessaires à la vie, et des vêtements décents et chauds. — Marie, si vos prières sont ferventes (1), le bon Dieu vous exaucera certainement.

SUPPLÉMENT

La prudence est la mère de la sûreté.

Remarquez que : Le substantif prudence est formé de l'adjectif prudent qui finit par ent.

184ᵉ **Copie.** — Dieu est *présent* partout, que sa présence vous empêche de faire le mal. — Vous devez être *indulgent*, Gaston, car vous avez besoin d'indulgence.— Qui de vous, mes amis, n'a pas quelque impatience (2) d'être au premier Janvier? — La décence est la véritable parure d'une jeune fille, ma Clémence.

187ᵉ **Dictée.** — Laurence, si vous êtes sage, vous ne ferez vos confidences qu'à votre mère; soyez toujours sûre de son indulgence. — Un peu de patience, Gaston; ayez la prudence du serpent avec la simplicité de la colombe.

---

opulent, indigent, fervent. etc. 1° ne sont pas formés d'un verbe, — 2° ont un *t* dans leurs dérivés : *Clémentine, turbulente, insolente, etc.*

(1) Voir la note 2, page 195.

(2) 1° Impatience, décence, Clémence; — Laurence, confidence, indulgence, patience, prudence, sont formés des mots en ent : impatient, décent, Clément, etc., etc., ils doivent donc conserver en.

Vous le voyez par prud**ence** (formé de prud**ent**), impati**ence** (d'impati**ent**), *etc., etc.* :
On termine par **ence** les mots en *ance* formés des mots en *ent.*

134ᵉ LEÇON,

ou : Quel grand champ! il est tout blanc de marguerites.

Remarquez que : Grand a pour dérivé *grande,* champ a *cham-pêtre,* blanc a *blanche.* — Relire la Remarque générale, page 135.

185ᵉ Copie. — **1°** Mon ami, soyez toujours **franc** (1). — Visitâtes-vous le **camp** (1) de Compiègne avec Ferdin**and** (1)? — Gargantua, qui dévore beaucoup d'alim**ents** (1), est un gourm**and** (1); Clém**ent** (1), qui aime les gâteaux et les sucreries, est un fri**and** (1). = **2°** Oh! si j'avais le fusil d'Arm**and** (1)! — Le ch**ant** (1) du serin est assez varié. — Pourquoi pleures-tu, Laur**ent** (1)? Je me suis coupé avec votre couteau, voyez mon **sang** (1). Tu sauras à tes dép**ens** (1) ce que coûte la désobéissance, je t'avais défendu d'y toucher.

172ᵉ Thème.

Que mon petit ami se place sur ce **banc** (*banquette*) (2),
    Que mes p—.
Le fruit du chêne est le **gland** (*glande*),
    Les f—.

---

(1) Les dérivés *franche, camper, Ferdinande, alimentation, Clémentine, gourmande* et *friande;* — puis *Armandine, chanter, Laurentine, sanglant, dépenser,* etc., font bien connaître la nécessité de la lettre muette qu'on a mise ici à la fin des mots à difficulté : franc, camp, etc., etc.
(2) Le *c* se change quelquefois en *qu* dans les dérivés.

Comme vous le voyez dans grand, champ, blanc, *etc.*, *etc.* :
Après le son **an** qui termine le mot on met la consonne qu'on entend dans le dérivé.

188ᵉ Dictée. — 1° Le petit chàt blanc (1) d'Armande fait le gros dos. — Le brochet est si gourm**and** (1) qu'il avale des poissons, des brochets même, tout entiers. — Quel joli gl**and** (1) **pend** (1) à cette branche de chêne ! = 2° Le tombeau du roi Mausole a été mis au r**ang** (1) des sept merveilles du monde. — Un jeune pâtre d'Israel a sauvé sa patrie en tuant (2) un gé**ant** (1) redoutable. — Que de travailleuses dans ce **champ** (1) ! — L'enc**ens** (1) embaume ces lieux.

<hr>

135ᵉ LEÇON,
ou : Voyez Minon, il est à peindre !

186ᵉ Copie. — 1° Mon ami, sachez vous astr**eindre** à travailler avec exactitude, et à n'enfr**eindre** jamais les ordres de votre père. — Monsieur le marchand, voulez-vous av**eindre** cette belle ménagerie? je désirerais l'acheter pour ma petite Aloïse. = **2°** Mon papa, ne peindrez-vous pas ce joli paysage? — L'industriel dont l'état est de t**eindre** le lin, la toile, le drap, etc., est le teinturier. — Dans l'été, la verdure prend une teinte foncée.

<hr>

(1) Les dérivés *blanche, gourmande, glande, pendre, ranger, géante, champêtre, encenser*, etc., indiquent les lettres muettes *c, d, g*, etc., qui terminent ici les mots à difficulté.

(2) La conjugaison des verbes fait comprendre pourquoi il faut terminer par *ant* le mot **tuant**.

Vous le voyez par peindre, astreindre, etc., — teinturier, *etc.*, *etc.* :

On met **ein** dans les verbes en *eindre*, — et dans les substantifs et les adjectifs formés de ces verbes.

189° Dictée. — **1°** C'est une grande imprudence que d'**éteindre** une chandelle dans un grenier à foin. — Dans cette saison, les champs sont d'une beauté que je ne saurais dé**peindre**. = **2°** On a fait en**ceindre** Paris de fortifications, et le colonel dit que c'est pour le défendre ; il avait déjà une en**ceinte** de murailles. — Faites **teindre** ce lin par mon **teinturier**, il prendra à la **teinture** de belles nuances.

SUPPLÉMENT

1° Je **peins**. — *Que* **peins**-tu ?

REMARQUE. — On finit par **eins** les mots des verbes en **eindre** joints à **je** et à **tu**, et qui se terminent par le son **in**. — Relire la Remarque, page 168.

187ᵉ Copie (ou **190° Dictée**). — **1°** Flore, (*toi*) a**veins**-moi mon châle, disait impérieusement une petite fille. Élodie, lui dit sa mère, tu devais dire : Veux-tu m'a**veindre** ? il n'est pas joli pour une petite fille d'intimer des ordres. — *Je* **peins** souvent ; la peinture m'amuse beaucoup ; et toi, Marie, **peins**-*tu* ?

2° Maman **peint**, elle **peint** *souvent.*

REMARQUE. — On finit par **eint** les mots des verbes en **eindre** joints à **il**, à **elle**, à **on**, ou à un **substantif**, et qui se terminent par le son **in**. — (Remarque, page 169.)

= **2°** *Maman* **peint** de bien jolies roses. — *Vic-*

toire éteint le feu maladroitement. — La *robe* verte de ma poupée déteint.

136e LEÇON,

ou : Vous aimerez votre prochain comme vous-même.

Remarquez que : Le mot prochain a pour féminin le mot prochaine.

188e Copie. — **1°** Maman, est-il bien certain (1) qu'un unique grain (1) de blé a produit soixante-quatorze épis? — Les Romains (1) ont dominé le monde. = **2°** Mon ami Romain (1), si tu ne recherches pas la perfection, tu travailles en **vain** (1). = Beaucoup d'Africains (1), les nègres, ont la peau aussi noire que du charbon; les Américains (1) ont la peau cuivrée ou orangée.

173e Thème.

Le fils de mon oncle est mon cousin ger**main** (germaine),
   Les f—.
L'État ro**main** a pour capitale Rome, sur le Tibre,
   Les Ét—   capitale R—.

Vous le voyez dans prochain, certain, grain (qui forment prochaine, certaine, graine), *etc., etc. :*
On termine en général par ain les mots qui ont un dérivé en *aine*.

191e Dictée. — **1°** Les contes sont fort utiles ; en voyant combien certains défauts, certaines étourderies sont ridicules dans les autres, on les évite pour soi. — Oh ! Germain (2), quel magnifique rideau de peupliers dans le lointain (2) !

----

(1) *Certain* a pour dérivé *certaine*; — grain a *graine*; — *Romain* a *romaine*; — vain a *vaine*; — *africain* et *américain* font : *africaine, américaine.*

(2) *Germain* fait *Germaine*; — *lointain* fait *lointaine*; — sain fait ici *saine* et *sanitaire*; — *vilain* fait *vilaine*; — *châtain* est analogue à *châtaigne.*

= **2°** Le raisin est très-**sain** (1) lorsqu'on n'en mange pas comme une gourmande. — Il est bien **vilain** (1) de feindre un sentiment qu'on n'éprouve pas. — J'admire les cheveux **châtains** (1) d'Alicia, ils sont **châtains** comme les châtaignes!

137e LEÇON,
ou : Dieu fait bien ce qu'il fait.

189e Copie. — **1°** Adrien, le mo**yen** de ne pas vous rendre importun, c'est de rester calme et de peu parler; vous entendez b**ien**? — Que dev**ien**driez-vous, Maximil**ien**, si vous preniez cette vipère? = **2°** Les rois de France se divisent en trois races : les Mérovin**gien**s, les Carlovin**gien**s et les Capé**tien**s. — Les naturels de l'Amérique, qui formaient autrefois des hordes, ont été dispersés par les Europ**éen**s.

174e Thème.

Le nègre océan**ien** passe pour le plus stupide des nègres,
Les n—.
Le plus anç**ien** d'une compagnie en est le do**yen**,
Les plus a— des c—.
Vous le voyez par bien, Adrien, moyen, européen, *etc., etc.* :
Le son *in* s'écrit par **en** après une voyelle.

192e Dictée. — **1°** Luc**ien** est tombé en courant; il s'est fait un trou à la tête, le chirurg**ien** va le saigner. Si vous tombiez, Maxim**ien**, il faudrait qu'on vous saignât aussi. — Combien le ch**ien** rend de services! = **2°** Sais-tu, Jul**ien**, qu'on est parvenu à faire lire les aveugles au

---

(1) Voir la note 2, page 200.

mo**yen** de caractères en relief? — Sébast**ien**, ce liquide exprimé du raisin fermentera et dev**iendra** du vin. — Ésaü est le père des Idum**éens**.

SUPPLÉMENT

1° Je **viens**. — *Que* **viens**-tu *faire?*

REMARQUE. — On finit par IENS les **mots des verbes en enir**, qui sont joints à je et à **tu**, et qui se terminent par **i-in**.— (Relire la Remarque, page 168.)

190e Copie (ou **193e Dictée**). — **1°** *Je* **viens** te présenter un joli chien blanc, ma petite amie. — Si *tu* **viens** lire bien vite, Edmée, je te conduirai moi-même aux Tuileries; **viens**-*tu?* — D'où **viens**-*tu?* (*Toi*) **Tiens**, voici des gâteaux, etc.

= 2° Le *pilote* t**ient** *le gouvernail.*

REMARQUE. — On finit par IENT les **mots des verbes en enir** joints à **il**, à elle, à **on**, etc., ou à un **substantif**, et qui se terminent par **i-in**. — (Remarque, page 169.)

2° *Louis* **vient**, *il* **vient** pour jouer avec vous; recevez-le bien, ne lui refusez rien. — Voyez Antigone qui conduit et *qui* sout**ient** son père aveugle.

138e LEÇON,

ou : Le poing c'est la main fermée.

Remarquez que : Le *dérivé* de poing est poignet; — main *a pour* dérivés *manufacture,* manipuler, *etc.*

Nota. On doit relire la Remarque générale, page 135.

191e Copie. — **1°** Le calme, la *sérénité* du visage est un grand charme; Blanche, ayez le front serein. — L'étain(1) est au nombre des métaux précieux. — J'ai le *poignet* foulé et Lucas me menace du poing. = **2°** Il y a quatre points cardinaux. Que d'instinct dans le chien de berger! — Saint(1) Louis protégea tous les pauvres de son peuple.

192ᵉ Copie. — 1° Aspasie, votre tablier est plein(2) de taches, je vous punirai! — Distribuez du pain (2) à ceux que la faim (2) tourmente, et Dieu vous le rendra au centuple. — Vos pleurs sont feints, Eustache. = **2°** Saint Laurent a été mis sur le gril. — Ermance, prononcez *distinctement* quelques mots : écoutez bien! entendez-vous comme tous les sons en sont distincts à votre oreille?

139ᵉ LEÇON,

ou : Nous *fournissons au roi du sang et des richesses.*

193ᵉ Copie. — 1° Notre figure décèle ce que *nous* cherchons à cacher. — (*Nous*) Épargnons aux infortunés la honte de tendre la main. = **2°** Sortirons-*nous* un peu ce matin, mon papa? Oui, Constance; *nous* ferons une promenade au jardin après le déjeuner; *nous* y entendrons chanter les petits oiseaux, et puis *nous* y goûterons.

---

(1) *Étamer, sanctifier,* font connaître l'a qui est au milieu de *étain, saint;* — quant aux lettres finales de *point, instinct, saint,* on les trouve dans *pointe, instinctif, sainte.*

(2) L'e de *plein* se trouve dans *plénitude;* — l'a de *pain* et de *faim* dans *panier, panetier, famine;* etc. — quant à l'adjectif *feint,* 1° il fait au féminin *feinte;* 2° il vient du verbe *feindre,* qui a *ein.*

Qu'y manger**ons**-*nous ?* Emporte ton pain, *nous* y trouver**ons** du fruit.

175ᵉ Th. Je prie Dieu,   et *nous* le pri**ons** tous,
J'oublie le mal, et *nous* oubli... nos maux,
J'écris un billet, et *nous* en écriv... deux,
Je crois en Dieu, et *nous* y croy... aussi,
Je viens ici,   et *nous* y ven... également.

Vous le voyez dans nous fourniss**ons**, nous voy**ons**, *etc., etc.* :
On termine par **ons** les mots des verbes joints à *nous.*

194ᵉ Dictée. — **1°** C'est de l'eau de l'Océan que *nous* tir**ons** une grande partie du sel que *nous* employ**ons** en France. — (*Nous*) Entr**ons** dans ce bosquet, gagn**ons** ce chemin si délicieusement ombragé, et suiv**ons**-le. Où ir**ons**-*nous* par là ? = **2°** *Nous* nous orienter**ons**, c'est-à-dire *nous* tâcher**ons** de distinguer de quel côté est le midi ; *nous* marcher**ons** de ce côté, et *nous* regagner**ons** notre demeure. — (*Nous*) Ne fais**ons** jamais à autrui ce que *nous* ne voudri**ons** pas pour nous.

140ᵉ LEÇON.

ou : Mes paroles *ne passer***ont** *point* (a dit Jésus-Christ).

194ᵉ Copie. — **1°** Les *boulangers* f**ont** du pain, les *vignerons* f**ont** du vin, les *lingères* f**ont** des chemises, et les *couturières* f**ont** des robes. — Les petites *filles qui* se fer**ont** gronder en présence de leurs compagnes ser**ont** bien honteuses. =

2° Mon papa, il n'y a plus de blé, d'orge ni d'avoine dans les campagnes; où les jolies petites cailles se cacher**ont**-*elles*? — *Elles* se cacher**ont** dans les chaumes, Émilien, mais les *chiens* saur**ont** bien les y trouver, et les *fusils* ne les épargner**ont** pas.

176ᵉ Thème et 177ᵉ.

1. L'*élève qui* aur**a** le prix (priser) *recevr***a** un beau livre,
    Les *élèves qui* aur**ont** les p— *recevr***ont** de beaux l—.
Le *chien* fidèle *défendr***a** son bon maître,
    Les *ch*—   leurs b—.

2. La petite *fille* active *fer***a** vite sa tâche,
    Les *p*—   leur tâche.
L'*artiste peindr***a** cette mémorable bataille,
    Les *a*—.

Comme vous le voyez dans mes paroles passer**ont**, ils cacher**ont**, *etc*, *etc*. :
Ou écrit le son *on* par **ont** à la fin des mots de verbes joints à
ils, à *elles*, etc., ou à un *substantif pluriel*.

195ᵉ Dictée. — **1°** Que de paysans dans le pré! qu'y fer**ont**-*ils*, ma mère? Mon Adèle, *ils* **vont** couper nos foins; puis les petites filles et leurs *frères* prendr**ont** leurs fourches et leurs râteaux, *ils* étendr**ont** le foin, et les *rayons* du soleil le sècher**ont**. = **2°** Ensuite? Les *faneuses* en fer**ont** des tas; puis les *voituriers* viendr**ont** prendre ces foins, et *ils* les porter**ont** dans le grenier de l'écurie : les *chevaux* de ton papa en ser**ont** fort aises, *ils* se régaler**ont** bien.

141e LEÇON,

ou : Coupe des joncs le long des rivières.

Remarquez bien que jonc, long ont pour dérivés *joncher longue.*
Voir la Remarque générale, page 135.

195e Copie. — 1° Notre globe est rond (1) comme une boule. — Le platine est un métal beaucoup plus pesant que le plomb (1). — Dites-moi le nom (1) du métal avec lequel on fait les pièces de cent sous. = **2°** Avez-vous vu de l'amiante? Ce minéral est bien extraordinaire, il se présente en longs (1) filaments soyeux qui se filent. — La poule pond (1), elle couvera, et de ses œufs sortiront de petits poulets.

196e Dictée. — 1° Le héron au long cou voyageait sur ses longs pieds. — Nous employons pour étamer l'étain mêlé avec du plomb. Les nègres ont le front (2) aplati, les mâchoires avancées, et les lèvres grosses. = **2°** Nous mènerons nos amis dans les prés; ils y feront tant qu'ils voudront des sauts et des bonds, pendant que nous tresserons des corbeilles de jonc. — Le mont Vésuve est un volcan.

---

(1) *Ronde, plombier, nommer, longue, pondre,* font bien connaître les consonnes qui doivent terminer, *rond, plomb, nom, long,* elle *pond.*

(2) *Front* a pour dérivé *affronter, effronté;* — bond a *bondir;* — jonc a *joncher;* — de mont on a fait *montagne.*

= **3°** SUPPLÉMENT POUR LE SON **UN** FINAL.

Le jardinier défunt (1) cultivait les rosiers, ses roses du roi avaient le plus suave parfum (1).

━━━━

142e LEÇON,

ou : **Où** *irons-nous ? aux Tuileries ou (ou bien)*
au Jardin des Plantes ?

196e Copie. — **1°** Je suis contente de toi, ma fille ; pour te le témoigner *ou (ou bien)* j'inviterai tes petites amies à passer ici la matinée, *ou (ou bien)* je te conduirai **où** tu voudras. — Que préfères-tu, le muguet *ou (ou bien)* le lilas ? = **2°** Dieu a créé les poissons pour l'élément **où** ils font leur demeure. — **Où** avez-vous vu une petite fille aussi gâtée que Zulime qui disait à son père *ou (ou bien)* à sa mère : Il me faut une montre, *ou (ou bien)* je me rendrai malade à force de crier ?

Vous le voyez par **où** irons-nous ? aux Tuileries *ou (ou bien)* au jardin, *etc., etc.* :
On écrit avec un accent sur l'u le mot **où** quand on ne peut pas le remplacer par *ou bien*.

197e Dictée. — **1°** Chaque jour ma petite Marie dit d'elle-même : Papa, *ou (ou bien)* maman, voulez-vous me faire lire *ou (ou bien)* me faire écrire ? Voilà une petite fille qui n'est pas paresseuse ! **Où** mènerons-nous Marie pour lui té-

───────

(1) *Défunt* fait dé*funte,* — parfum fait *parfumer.*

moigner notre satisfaction ? = **2°** La Fontaine a dit : **Où** la mouche a passé le moucheron demeure. — Nous irons aux Tuileries *ou* (*où bien*) au bois de Boulogne, enfin **où** nos mères voudront.

198ᵉ Dictée. — **1°** Après la mort d'Abel, Dieu dit à Cain : « **Où** est ton frère ? » — « Je n'en sais rien ! » répondit le meurtrier. J'ai frémi quand j'ai lu dans la Bible *ou* (*ou bien*) dans l'Ancien Testament ces paroles insolentes et mensongères. = **2° Où** as-tu acheté la gaufre *ou* (*ou bien*) la meringue que tu déposes là ? — Je vais **où** le vent me mène, *ou* (*ou bien*) plutôt **où** les circonstances m'entraînent.

143ᵉ LEÇON,

ou : Comme vous avez la **joue** *rouge !*

197ᵉ Copie. — Justine, redites après moi : « La France et la Belgique possèdent un grand nombre de mines de houille. » Quoi ! vous boudez ? Fi ! qu'elle est hideuse la petite Justine quand elle fait la **moue** ! — Marchande, toutes les prunes de votre panier qui sont tombées dans la **boue** du ruisseau !

178ᵉ Thème.

Où votre jardinier placera-t-il cette **houe** ?

Où v— ?

Où ce matelot travaillera-t-il ? sur la **proue**, ou sur la poupe du navire ?

Où ces m—.

Vous le voyez dans la joue, *la* moue, *etc., etc.* :
On met **oue** à la fin des mots féminins en *ou*.

199e Dictée. — Les singes de l'ancien continent ont sous la **joue**, dans la bouche, des aba**joues**, sortes de poches où ils renferment des vivres. — Voyez, Aline, votre pantalon blanc est rempli de b**oue**. — Nous ferons placer votre cargaison de houblon dans une t**oue**.

Son **ou** SUIVI D'UNE CONSONNE MUETTE.

198e Copié.

(*Supplément.*)

Le toucher, le goût (1), l'odorat, l'ouïe et la vue sont les cinq sens. — Maman, je n'aime pas ce ragoût (1). — N'admires-tu pas, Béatrice, la complaisance d'Anna qui coud (1) une robe pour ta poupée?

144e LEÇON,

ou : La lamproie vit dans la Loire.

199e Copie. — 1° Aux montagnes de la Savoie, je naquis de pauvres parents. — Cette grande chambre chaude est une magnanerie, on y élèvera les insectes (vers) qui feront de la soie. — Les lamproies se plaisent dans la Loire. = 2° Que nous aurions de joie si l'on nous ache-

(1) Goût, ragoût, ont pour dérivés *goûter, ragoûter*; — coud vient ici du verbe *coudre.*

tait un jeu d'oie ! — Les cages à poulets sont des paniers ronds à claire-voie.

179e Thème.

L'oiseau de proie déchire toute vivante la bête qu'il a prise,

Les ois—.

Est-ce l'oie noire qui glousse?

Sont–ce les oi—?

Vous le voyez dans la lamproie, *la* Savoie, *etc., etc.* :
On termine par oie la plupart des mots féminins en *oi*.

200e Dictée. — **1°** La Savoie est une contrée montagneuse. — C'est un manger délicat que la lamproie. — Regarde cette route, Albertine, les bandes de métal qui y tracent la **voie** portent le nom de rails. = **2°** Le milan, le faucon, l'aigle, etc., sont des oiseaux de **proie**. — Ce lin de la Nouvelle-Zélande, je le ferai teindre par un bon teinturier; il prendra des nuances aussi vives que celles de la **soie**.

SUPPLÉMENT

1° Je **crois** *en Dieu.*

REMARQUE. On termine *souvent* par **ois** les **mots des verbes ajoutés à je et à tu** (1). — Relire les remarques, pages 168 et 169.

200e Copie (ou 201e **Dictée**). — 1° *Je* crois en Dieu, le Père tout-puissant. — Que **vois**-*je?* cria le bûcheron, ôtez-moi cet objet ! — *Tu* **vois**

---

(1) NOTA. *Cette remarque ne convient pas aux mots des verbes en* oyer. *Voir* Eléments de grammaire pratique, — et l'Orthographe enseignée par la pratique aux enfants de 7 à 9 ans.

qu'il est bon de contenter son père. — **Vois-***tu*
ce grand chêne là-bas?

========

2° On **voit** *d'ici une nacelle.*

REMARQUE. — **On** termine souvent par OIT les verbes
ajoutés à **il**, à **elle**, à **on**, etc., ou à un **substantif** (1).

= **2°** Plus l'*hydropique* **boit**, plus *il* **voit** redou-
bler la fièvre qu'*il* **croit** apaiser. — C'est dans
les grands dangers qu'*on* **voit** les grands cou-
rages.

========

145° LEÇON,

ou : François a mal au doigt.

Remarquez-le : Le dérivé de François est Françoise; — et le
substantif **doigt** a pour dérivés : doigtier, digitale.
Relire la Remarque générale, page 135.

201° Copie. — 1° L'Amérique a été découverte
à la fin du quinzième siècle par un **Génois** (2)
au service de l'Espagne. — Tous les animaux
carnivores ont les **doigts** (2) des pieds distincts et
armés d'ongles. = **2°** Certain païen chez lui gardait
un dieu de **bois** (2). — Savez-vous, **Benoît** (2),
que des infortunés ont vécu plusieurs mois dans
des régions voisines du pôle où le **froid** (2)
était assez grand pour congeler le mercure?

202° Dictée. — **1°** Le litre avec lequel on
mesure les matières sèches, la farine et toutes
les graines, est en **bois**. — Les reptiles et les

----

(1) Voir le NOTA, page 210.
(2) Génois, bois ont pour dérivés : *Génoise, boiser,* etc. — Benoît a *Benoîte;* — froid a *froide;* doigt fait, comme nous l'avons
vu, *doigtier, digitale,* etc.; = enfin toit a pour dérivé *toiture.*

poissons ont le sang froid. — Ce pauvre François qui est tombé d'un toit sur le pavé ! = **2°** Le chat a la langue rude, et des ongles crochus qui se relèvent et se cachent entre ses doigts. — Autrefois on mesurait le bois à la voie, maintenant on a coutume d'employer le stère ; savais-tu cela, Benoît ?

146e LEÇON,

ou : La queue du poisson est son gouvernail.

202e Copie. — **1°** Les sapajous se servent de leur queue, comme d'une troisième main, pour saisir et pour entourer les branches auxquelles ils se suspendent. — Oh ! la jolie demoiselle bleue ! = **2°** Sais-tu, Bastien, que nous sommes à plus de trente-quatre millions de lieues du soleil? — Le grelot du crotale (serpent à sonnettes) est placé à l'extrémité de sa queue.

Vous le voyez par la queue, la lieue, etc., etc. :
On écrit le son *eu* par eue à la fin des mots féminins.

203e Dictée. — **1°** Quelle joie, Anatole ! mon papa m'a dit que tu viendras passer une huitaine avec moi à la maison de campagne qu'il a louée à Auteuil, dans la banlieue de Paris. = **2°** Il y a dans l'Amérique un fleuve qui traverse mille lieues de pays. — Maman, puis-je prier Artémise de m'aveindre la capote bleue de ma poupée? — Beaucoup de comètes ont après elles des traces lumineuses, des queues.

SUPPLÉMENT

1° Je *veux me corriger.* — Tu *le* **peux.**

REMARQUE. — On termine par EUX je **peux** ou tu **peux;** — je **veux** ou tu **veux.**

203ᵉ Copie (ou **204ᵉ Dictée**). — **1°** *Je* ne **veux** pas que tu touches à ma poupée, **veux**-*tu* bien n'y pas toucher? disait Elvire, *je* ne le **veux** pas! Qu'entends-je, s'écria madame Lemoine, ma petite fille qui dit : *Je* **veux** : mais *je* ne **peux** pas tolérer cela ; sais-tu que le roi lui-même dit : Nous voulons!

2° Il *pleut,* il *pleut, bergère !*

REMARQUE. — On termine par EUT les verbes joints à **il,** à **elle,** à **on,** etc., ou à un **substantif.**

= **2°** Marie a fini sa dictée, *elle* **peut** s'amuser toute cette après-dînée. *Qui* **veut** jouer avec elle? — La *lecture* de ce conte ém**eut** trop ma petite Félicie. — *Il* pl**eut,** *il* pl**eut,** retournons à la maison !

147ᵉ LEÇON,

ou : Chien hargneux a toujours l'oreille déchirée.

204ᵉ Copie. — **1°** Ne touchez pas au fusil de Benoît, mon fils, un fusil est toujours dange-**reux.** — (*Nous*) Approchons de ce chêne, voyez combien le branchage en est angul**eux** et nou**eux.** — La houille, ce combustible si pré-

cieux, se trouve dans notre globe par couches ou bancs. = **2°** Les menteurs sont odi**eux**. — L'é-colier qui se vante est un sot vanit**eux**, un ridicule orgueill**eux**; il n'aura pas un ami. — Le petit Carle est si curi**eux** que chacun se cache de lui, il doit être bien hont**eux**.

180ᵉ Thème.

Le petit jardinier est tout hont**eux**, il a fait un mensonge.
  Les p—   des m—.
Qu'un visage maussade est hid**eux** à voir!
   Que les v—   à voir!

Vous le voyez par **hargn**eux, **danger**eux, **angul**eux, *etc., etc.* :
On termine par **eux** les adjectifs en *eu*.

205ᵉ Dictée. — **1°** L'esturgeon est un poisson cartilagin**eux**. — Que votre hydromel est vin**eux**! — L'œuf qui reproduira ce large papillon ne sera pas plus volumin**eux** que la tête d'une épingle. = **2°** Francisco a fini son noviciat, depuis deux mois il est religi**eux** profès. — Écoutez le murmure des eaux sur ce lit rocaill**eux**. — Rien n'est plus danger**eux** qu'un ignorant ami.

148ᵉ LEÇON.

1ʳᵉ RÉCAPITULATION

206ᵉ Dictée. — Faites laver vos mains et votre visage, Clément, il est honteux de se présenter ainsi devant sa mère. — Valérie, ne touchez pas à ce couteau, cela est trop dangereux;

vous vous couperiez les doigts. Les petites filles ne doivent pas jouer avec les couteaux, le tranchant les blesse et les fait saigner. — On est bien calme lorsqu'on peut se dire en se couchant : J'ai été sage toute ta journée !

207ᵉ Dictée. — Le petit François faisait toujours du mal aux chats; il les prenait par la queue ou par les oreilles, les pressait dans ses bras, leur jetait de l'eau, leur tirait les moustaches..... Un beau jour un chat furieux lui égratigna toute la main : cela fut bien douloureux pour le pauvre petit François; mais aussi, pourquoi s'amusait-il à tourmenter les animaux?

208ᵉ Dictée. — 1° Didier était aussi peureux que vaniteux : à l'entendre, il pouvait pourfendre les géants et renverser les murailles; mais le frôlement d'un papillon sur sa joue, la vue d'une chenille, lui causait un douloureux frisson : un jour le domestique de son père, tout joyeux de sa capture, entra brusquement dans la chambre, portant trois souris dans une souricière. = 2° Didier pâlit, cria, recula; deux malicieux camarades qui étaient présents se moquèrent amèrement du petit peureux, leurs plaisanteries le rendirent tellement honteux, qu'il se guérit de ses frayeurs insensées : espérons que son père le guérira de ses ridicules vanteries !

FIN DE LA TROISIÈME SECTION.

QUATRIÈME SECTION

CONSONNES DOUBLES, ETC., ETC.

(*Voir* l'AVIS TRÈS-ESSENTIEL, page 6.)

DES CONSONNES DOUBLES

149e LEÇON.

§ Ier, *ou : Mes fils s'accordent toujours bien.*

205e Copie. — **1°** Élisa, tu devrais bien descendre de ce pauvre petit ânon; tu l'**acc**ables, il fléchit sous toi. — Pendant que notre globe tourne autour du soleil, la lune l'**acc**ompagne dans sa marche. — Ce sont les petites filles mal élevées qui s'**acc**oudent sur la table en mangeant (1). = **2°** Fi ! la petite vaniteuse, comme elle s'en fait **acc**roire ! — L'avare ne songe qu'à **acc**umuler. — On cherche à **acc**limater chez nous l'indigotier. — Maman, veux-tu que nous **acc**eptions l'invitation de Sara?

181e Thème.

En Afrique, le nègre s'**acc**roupit pour manger,
   Les n— s'**acc**roupissent pour manger.
J'**acc**ompagne ce musicien sur ma harpe,
   Nous **acc**ompagnons ces m— sur nos h—.
Le sage **acc**epte avec calme la contradiction,
   Les sages **acc**— avec calme les c—.

Vous le voyez par accorder, accable, *etc., etc. :*
On écrit avec **cc** beaucoup de mots qui commencent en *ac*.

209e Dictée. — **1°** Les petits élèves sages s'**acc**outumeront jeunes encore au travail. —

(1) Voir pour mangeant la note page 198.

Sur le marché, la populace huâ un étranger qu'elle **accusait** d'avoir **acc**aparé tous les blés de la province. = **2°** Mon oncle, apercevez-vous une pauvre vieille **acc**roupie sur le seuil de sa chaumière ? veuillez la soulager et lui **acc**order quelques sous. — Ah! ma bonne mère, quel **acc**ident fâcheux ! j'ai fait un **acc**roc à ma jolie robe de barège.

Les mots commençant en aké, aki, *doivent s'écrire par* **acqué**, **acqui** (*car* accé *et* acci *se prononcent* axé, axi).

206ᵉ **Copie** (*Supplément*). — **1°** Par l'usage et l'exercice, nous **acquérons** (1) dans l'odorat, le goût, l'ouïe, etc., enfin dans tous nos sens, une perfection incroyable. = **2°** Fernand, le docile, le pieux Fernand, s'est **acquis** (1) l'estime de tous ses camarades. — Mes oncles feront certainement l'**acquisition** (1) du château de M** avec ses dépendances, ils l'ont dit à papa.

§ II, *ou : Fuyez l'*occ*asion de faire le mal, ou vous* **succ**omberez.

207ᵉ **Copie.** — **1°** La Russie s'étend beaucoup en Europe, elle **occ**upe en Asie une étendue beaucoup plus grande encore. — Si la fréquentation d'un petit camarade est pour vous une **occ**asion de faute, vous devez l'éviter. = **2°** L'Europe est à l'**occ**ident de l'Asie. — La Maison des Loges est une **succ**ursale de la Maison de Saint-Denis. — Quelle pêche **succ**ulente !

182e Thème.

e sage fuira toute **occ**asion dangereuse,
  Les s—   toutes les **occ**—.
France, la fille ne **succ**ède pas à son père sur le trône,
  En France, les f—   ' leur père sur le trône.

Ainsi que vous le voyez dans occasion, succomberez, *etc., etc.* :
On écrit avec **cc** la plupart des mots qui commencent en *oc* et en

210e Dictée. — **1°** Les soins du ménage se-
t toujours, avec l'étude et la lecture, les
cupations d'une jeune fille bien élevée. — La
ance est bornée à l'**occ**ident par l'Océan
lantique. == **2°** Mon Dieu, ne nous laissez pas
ccomber à la tentation ! — Dieu a accompli,
 sa parole et sa volonté seules, les actes
ccessifs de la Création.

150e LEÇON.

Ier, ou : L'affliction de Lise est effrayante.

08e **Copie.** — **1°** L'être **aff**able parle avec
té à tous ceux qui ont **aff**aire à lui. —
fluent d'un fleuve, c'est le courant d'eau qui
t s'y jeter. — La vieille, plus misérable que
servantes, s'**aff**ublait d'un **aff**reux jupon. ==
es roses épanouies s'**eff**euillent bientôt. —
ouez plus jamais avec Césaire, il a soutenu
ntément à son maître un **eff**royable men-
e.

183ᵉ Thème.

Le vaillant militaire **aff**rontera toujours le danger,
Les v—.
J'entends une bien **eff**royable nouvelle,
Nous ent— de bien **eff**—.

Comme vous le voyez dans affliction, effrayante, *etc., etc.* :
On met ff dans les mots qui commencent en *af* et en *ef*.

211ᵉ Dictée. — 1° Émile, montrez-vous a

ble envers tout le monde, et soyez affectu
pour les **aff**ligés. — Vois donc, maman,
d'**aff**iches blanches, vertes, roses, bleues, su
muraille; ma vue en est réjouie, je te l'**aff**ir
= **2°** La pluie tombe avec violence, nous au
un **eff**royable orage, fuyons vite et rentrons
Mon papa, je me suis **eff**leuré la jambe
tombant. — Sur les océans, il y a des vag
énormes, **eff**rayantes.

---

§ II, *ou : Ne soyez pas* **diff**icile, *prenez ce qu'*
vous **off**re.

209ᵉ Copie. — 1° Rien de plus **diff**orme

le vice. — Le résultat de la soustraction,
qu'on trouve quand on l'a faite, c'est le r
ou la **diff**érence. = **2°** Ne dites jamais aux
mestiques des paroles **off**ensantes. — Caïn
Abel **off**rirent chacun un sacrifice : Abel o
des moutons, Caïn des fruits; Dieu rejeta
offrandes de Caïn.

184ᵉ Thème.

L'Européen s'acclimate **diff**icilement aux Antilles,
Les Eur—.

Que Fabien taille ce hêtre qui **off**usque ma vue,
    Que Fabien et Nicolas t —   notre vue.

Ainsi que vous le voyez dans difficile, offre, *etc., etc. :*
On met **ff** dans les mots qui commencent en *dif* et en *of*.

212ᵉ Dictée. — **1°** Les petits élèves indolents fuient la moindre **difficulté**. — Le fleuve **diffère** de la rivière en ce qu'il porte ses eaux jusqu'à l'Océan, et souvent traverse une plus grande étendue de pays. = **2°** Où est Rosalie? Elle est à l'**office**, elle reviendra bientôt. — Papa, je veux être un **officier** général, l'uniforme des maréchaux de France est si beau !

---

§ III, *ou : Sa poitrine* **siff**le, *il* **souff**re, *il est* **suff**oqué.

210ᵉ Copie. — **1°** On ne dit pas l'oie chante, mais on dit l'oie **siff**le ; comme on dit le merle **siff**le, le serpent **siff**le. Maman, aurai-je à ma pèlerine une doublure de **taff**etas ou d'une autre **étoff**e de soie? — Minet est furieux, gare à ses **griff**es! = **2°** Mes amis, demandez à votre maître qu'il accorde à Louis son pardon; l'**aff**aire **souff**rira peut-être quelques **difficultés**, mais vous ferez preuve de bon cœur.

185ᵉ Thème et 186ᵉ.

Le vent **souff**lait dans cette direction,
    Les v—.
L'oiseau de proie a des **griff**es dangereuses,
    Les o— de proie—.

Fi! le méchant, il **suff**oque de colère!

Fi ! les m—   de colère !

Cette région polaire n'est-elle jamais éch**auff**ée?

Ces r—?

Ainsi que vous le voyez dans siffle, souffre, suffoqué, *etc., etc. :*
On met met ff dans beaucoup de mots en *sif*, en *souf*, en *suf*, en *auf*, en *uf*, etc., etc.

213ᵉ Dictée. — 1° As-tu entendu le **siffl**et du berger? — La saison est rude, les pauvres **souff**riront beaucoup. — Quand la vue simple ne **suff**it pas pour distinguer des objets extrêmement petits, on prend un microscope. = **2°** Que l'ombrage de ces chênes **touff**us est délicieux! — Lisez-vous les chi**ff**res romains aussi bien que les chi**ff**res arabes? — Les cochons fouillent au pied de ce chêne; il y a certainement une tru**ff**ière ici, nous y trouverons des tru**ff**es.

151ᵉ LEÇON,

*ou : Regardez le télé***graphe**, *Sophie.*

211ᵉ Copie. — 1° Que veut dire ce signe §, que j'ai remarqué hier devant : « *Sa poitrine siffle*, etc., » à la page 223? Il veut dire para**gra**phe, ou division, section. = **2°** Étudiez bien la géo**graph**ie. — A quoi servent les signaux du télé**graphe**, mon papa? A porter très-loin, en quelques minutes, des ordres et des nouvelles.

187ᵉ Thème.

L'épi**graphe** se place sur le titre même du livre,

Les ép—   même d—.

Monsieur Balbi est un bon géo**graphe**
    Messieurs Balbi et Lapie sont de b—.

Comme vous le voyez par télégraphe, paragraphe, *etc., etc. :*
 On met p h dans tous les mots qui finissent en *graf* (excepté dans
 agrafe.)

214ᵉ Dictée. — **1°** Lisez l'épi**graphe** qui est
sur le titre de ce livre. — Quelle invention merveilleuse que celle du télé**graphe** électrique ! =
2° Le cosmo**graphe** décrit tout le monde créé
ou visible, le géo**graphe** décrit notre globe,
l'hydro**graphe** s'occupe des eaux qui le cou-
vrent. — Étudiez-vous déjà la géo**graphie**?

212ᵉ Copie (*Supplément*). — **1°** Écoutez bien,
Sophie : Aristote est un des premiers **philoso-**
phes de la Grèce, Alexandre-le-Grand a été son
élève. — En Israel, le prophète était inspiré de
Dieu. = **2°** On admire à Constantinople l'église
de Sainte-**Sophie**, elle a été transformée en mosquée. — Jo**séphine**, le **phosphore** brille dans
l'obscurité. — Les séra**phins** ce sont des anges,
et ma Séra**phine**, c'est ?...`

Vous le voyez par Sophie, philosophe, *etc., etc. :*
 On met **ph** pour peindre le *f* dans beaucoup de mots tirés du
 grec, de l'hébreu, et d'autres langues de l'Orient.

<hr>

152ᵉ LEÇON,

ou : **All**ons *danser sur la* **coll**ine.

213ᵉ Copie. — **1°** Ce n'est qu'en se repliant
et en s'**all**ongeant successivement que le reptile
peut changer de place. — L'Arche d'**All**iance

8

était, chez les Juifs, le coffre précieux où ils gardaient les Tables de la Loi. = **2°** Sophie a une magnifique **coll**ection de coquillages et de papillons. — Les **coll**éges sont en vacances, deux **coll**égiens viendront passer huit jours avec nous à la campagne; que nous **all**ons faire de belles parties!

188e Thème.

Votre jument a une **all**ure fort douce,
   Vos j—.
Mon frère **coll**ait sa gravure dans son album,
   Mes fr—   leurs g—.

Ainsi que vous le voyez dans **all**ons, **coll**ine, *etc.*, *etc.* :
On met très-souvent 11 au commencement des mots en *al* et même en *col*.

215e Dictée. — 1° Les langoustes ont une queue **all**ongée, et terminée par une sorte de nageoire en éventail. — Ah, qu'il fait froid! maman, voudrais-tu qu'on **all**umât du feu? — On récolte le raisin, l'**all**égresse est générale : **all**ons danser avec les travailleurs. = **2°** Le pas, le trot, le ga**ll**op, sont les **all**ures naturelles du cheval. — Mon Simplice, le **coll**et de votre veste est trop bas. — Si tu pousses un cri dans la direction de cette **coll**ine, tu crois entendre là quelqu'un qui le répète; c'est une illusion (1) de ton ouïe.

---

(1) Les mots où l'on entend les deux *l* n'offrent aucune difficulté, et l'élève écrira naturellement bien : i*ll*usion, mi*ll*ésime, ga*ll*inacé, pa*ll*adium, etc.

Les autres difficultés de l'articulation *l* qui peuvent être résolues par des règles ont été placées, comme supplément, vers la fin de la 2e section. — On peut y voir, de la 72e leçon à la 79e (page 100 à 110), ce qui concerne les mots en **il** ou en **ill**, en **el** ou en **elle**, et les mots en **al**.

153e LEÇON,

ou : Le **comm**erce *enrichit les peuples.*

214e Copie. 1° Un singe et un chat avaient un **comm**un maître, ils vivaient **comm**e frères dans un logis. — Paris occupe le premier rang par son étendue, ses richesses, sa population, son **comm**erce, ses monuments et sa civilisation. = **2°** Emma (1), ne **comm**ande pas aux domestiques avec autorité. — Certains animaux mammifères (1) (*ou qui allaitent leurs petits*), les chauves-souris, etc., sont organisés **comm**e les oiseaux pour voler. — Les mines de plomb sont assez **comm**unes en France.

215e Copie. — 1° Ma petite Josèphe, rangeons soigneusement vos hardes dans ma **comm**ode. — Les bons esprits s'a**comm**odent à tous les caractères. — Ces **pomm**es sont rouges **comm**e vos joues, en mangerons-nous ? = **2°** Lorsque notre globe passe directement entre le soleil et la lune, il prive un moment la lune de la lumière du soleil ; ce moment se **nomm**e éclipse de lune.

189e Thème.

Une poudrière a sauté, j'ai senti une forte **commo**tion,
    Des p—   sauté, nous av—senti de f—.
Cette tortue se re**comm**ande par la délicatesse de sa chair,
    Ces t—   la délicatesse de leur chair.

Vous le voyez dans commerce, commun, pomme, *etc., etc. :*
On met très-souvent m m dans les mots en *comm* et en *omm.*

---

(1) Les mots où l'on entend les deux *m* n'offrent aucune difficulté.

216e Dictée. — **1°** Dieu **comm**ande au solei
d'animer la nature, et la lumière est un don de
ses mains. — Maman, sais-tu, la méchante Radegonde, elle a tiré Minet par la queue pou
qu'il sorte de dessous la **comm**ode. = **2°** Voyager **comm**odément sur les eaux est une grande
preuve d'industrie. — Aménaïde, voulez-vous
rac**comm**oder les trous qui sont à mes bas?—
Ferdinand, le bruit de votre fouet m'in**com**-
mode.

217e Dictée. — **1°** L'Océan établit des **com**-
munications entre toutes les parties du monde.
— Pour les Juifs, le lièvre, **comm**e le pourceau,
est un animal immonde. = **2°** Les tiges du pal-
mier ne portent de feuilles qu'à leur **somm**et.
— Mes petits amis me **nomm**eront-ils bien les
douze mois et les quatre saisons? ils auront ces
deux **pomm**es vermeilles s'ils les **n**omment sans
faute.

154e LEÇON,
*ou : Vous répondrez toujours oblige***amment,**
*évid***emment** (1).

216e Copie. — **1°** Voyez-vous ces deux poules
complais**amment** et languiss**amment** couchées
dans leurs paniers? elles y resteront longtemps
encore; et enfin, lorsqu'elles auront suffis**amment** couvé leurs œufs, les petits poulets, bri-
sant les coquilles, sortiront de leurs prisons. =

---

(1) On devra écrire par a*mment* les mots qui sont formés d'un adjectif en *ant*,— et par *emment* les mots formés d'un adjectif en *ent*.

2° Lorsque la tige du blé pousse trop abond**amment**, le grain est privé de séve. — Mon papa assure que son avocat parle éloqu**emment**. — On trouve fréqu**emment** dans les couches profondes du globe des débris d'animaux : des os, des coquilles, etc., et des débris de végétaux.

217ᵉ Copie. — **1°** Si vous secouez aussi vio**lemment** ce prunier, toutes les prunes tomberont. — Ayez soin de ne jamais parler insol**emment**, durement même, ni aux ouvriers ni aux ouvrières. — **2°** Mes grands frères cherchent const**amment** à m'amuser. — Les Anglais parlent bien différ**emment** de nous. — Petit espiègle, vous répondez plais**amment**, mais rien ne prouve pour cela que vous ayez raison.

190ᵉ Thème et 191ᵉ.

1. Ta petite amie parlait oblige**amment** de toi,
        Vos p—.
Ce dragon sera trop pes**amment** armé,
        Ces d—.
2. La marchande vous offrira évid**emment** une poupée,
        Les march—.
La jeune fille bien élevée se vêtira toujours déc**emment**,
        Les j—.

Vous le voyez par obligeamment, évidemment, etc., etc. :
On met toujours **m m** dans les invariables en *amment* et en *emment.*

218ᵉ Dictée. — **1°** Laure, tu as voulu monter trop précipit**amment**, et tu es essoufflée ! ce n'est pas ma faute ; je t'avais inst**amment** re-

commandé de monter moins vite. — Nous t
trouvons plais**amment** affublé, Clément, ave
ton casque à la romaine! = **2°** Une petite fill
sage écoute pati**emment** les avis. — Maman, j
désire ard**emment** que tu sois contente de m
dictée. — Ne vous liez pas imprud**emment** ave
toutes les petites filles, ma chère Séraphie.

155e LEÇON,

*ou : Le déca***gramme** *vaut dix* **gramme**s.

218e Copie. — Demandez au pharmacien un
gramme de gomme arabique, un déci**gramme**
de feuilles d'oranger, un centi**gramme** de séné,
un milli**gramme** de laudanum ou d'opium. —
Martin, allez nous acheter le pro**gramme** des
fêtes et réjouissances.

> *Vous le voyez par* gramme, *épi*gramme, *etc., etc. :*
> On met **m m** dans les mots en *gram*.

219e Dictée. — **1°** Coralie, si tu veux être aimée dans ta pension, tu ne lanceras jamais d'é-
pi**grammes** malignes contre tes petites compagnes. — Nos anciens rois n'employaient guère
pour signature que des mono**grammes**. =
2° Le déci**gramme** est la dixième partie du
gramme, comme le centi**gramme** en est la cen-
tième partie; mais le déca**gramme** vaut dix fois
un **gramme**.— Étudiez-vous bien la **grammaire**?

156e LEÇON,

ou : *Le coton est le duvet du cotonnier, ma*
bonne.

219e Copie. — 1° Les bourdons, les abeilles,
les mouches bourd**onn**ent. — Albine, dès que
tu sauras lire tout à fait couramment, ta **bonne**
maman te d**onn**era un beau livre. — Le roi
Louis-le-Déb**onn**aire est fils du grand Charlemagne. **= 2°** Le petit Maximin fred**onn**e toujours
en mangeant, il est bien mal élevé le petit Maximin ! — Que tout menteur soit honni ! — Quel
joli chard**onn**eret ! C'est pour vous, ma mign**onn**e.
— Les pers**onn**es qui ont un bon caractère ne se
fâchent jamais.

192e Thème.

I Une importune abeille bourd**onn**ait en ce lieu,
     D'imp—.
II Le maître satisfait cour**onn**era son petit élève,
     Les m—.

Ainsi que vous le voyez dans cotonnier, bonne, etc., etc. :
*On met très-souvent **n n** dans les mots en one.*

220e Dictée. — 1° Aux petits des oiseaux
Dieu d**onn**e leur pâture, et sa bonté s'étend sur
toute la nature. — Mon ami, on nomme les
petits des dindons des dind**onn**eaux. Et les petits des pigeons ? Des pige**onn**eaux. Et les petits
des hérons ? Des hér**onn**eaux. Fort bien. **= 2°** La
petite Sim**onn**e a reçu cinq belles cour**onn**es et
ses livres dans sa pension ; la maîtresse dit que
Sim**onn**e est extrêmement docile et raison-

nable, et qu'elle travaille éto**nn**amment bie~~r~~

221ᵉ Dictée. — **1°** Augustin, vous ne fere~~z~~ jamais de bouffo**nn**eries, n'est-ce pas? Si vo~~us~~ faisiez des bouffo**nn**eries, vous seriez ho**nn**i d~~e~~ toute perso**nn**e sensée. — Pardo**nn**ez souve~~nt~~ aux autres et jamais à vous-même. = **2°** Dan~~s~~ ~~l~~eurs voyages, les marins souffrent quelquefo~~is~~ cruellement de la soif; elle les accable : que cela n~~e~~ vous éto**nn**e pas, ma bo**nn**e amie; l'eau d~~e~~ l'Océan n'est pas bo**nn**e à boire.

157ᵉ LEÇON,

*ou : Julienne, ouvrez les persie**nn**es.*

220ᵉ Copie. — **1°** Adrie**nn**e, l'ancie**nn**e al~~-~~ liance a duré depuis la vocation du Père de~~s~~ Croyants (Abraham) jusqu'à la venue du Fils ~~de~~ Dieu. — Lucie**nn**e étouffe, elle suffoque. Qu'elle vie**nn**e près de la fenêtre. = **2°** Les poisson~~s~~ volants se soutie**nn**ent au-dessus des eaux a~~u~~ moyen de nageoires assez étendues. — Sébas~~-~~ tie**nn**e, la race d'Ésaü, ou race idum**éenne**, es~~t~~ presque innombrable (1).

193ᵉ Thème.

Si tu étudies bien, tu deviendras un peu grammair**ienne**,
Si vous ét—.
Le costume de cette ital**ienne** est original et fort joli,
Les c— de ces deux i—.

---

(1) On écrit avec **inn** *innavigable, inné, innocent, innombrable, innover, etc.*, et les dérivés de ces mots.

Vous le voyez dans Julienne, persiennes, iduméenne, *etc., etc. :*
On met **n n** dans les mots en *ienne* et en *éenne.*

222ᵉ Dictée. — **1°** Les nations anciennes et
païennes ont admis des multitudes de dieux et
de déesses. — Lorsque les tuyaux qui portaient
les anciennes plumes d'un oiseau se sèchent, il
faut que la mue survienne. = **2°** Bastienne, tu
as promis que tu ne serais plus paresseuse, il faut
que tu **tiennes** ta promesse. — Vous êtes euro-
péenne, Sophie, puisque vous êtes parisi**ennne.**

158ᵉ LEÇON.

§ Iᵉʳ, *ou* : *J'appelle un chat un chat.*

221ᵉ Copie. — **1°** Un ange **app**arut en Judée
à des bergers qui gardaient leurs troupeaux, et
il leur **app**rit la naissance du Fils de Dieu. —
Le plumage des oiseaux éprouve des renouvelle-
ments réguliers qu'on **app**elle mues. = **2°** Si
quelqu'un de ces pigeons s'**app**rivoise, vous
pouvez le prendre pour le caresser. — Dans les
occasions d'**app**arat, des soldats font la haie dans
toutes les rues. — Avez-vous vu, mon Augustin,
tous les **app**rêts de la fête?

194ᵉ Thème.

La filleule de Julienne entre demain en **app**rentissage,
    Les fill—   en apprentissage.
Quelle fable mon frère **app**rendra-t-il?
    Quelles f—?

Vous le voyez par J'appelle, il apprit, *etc., etc. :*
On met assez souvent **p p** dans les mots qui commencent en *ap,*
en *rap, etc.*

223ᵉ Dictée. — 1° Dieu **app**arut à Moï
dans le buisson ardent, et lui ordonna d'all
apprendre ses volontés au roi. — Cachez un o
jet quelconque à l'insu d'un chien ; sur un sig
l'animal se met en quête, et bientôt il vous
rapporte avec joie. = 2° Évidemment, tu ne s
ras pas aimé, Léon, si tu **rapp**ortes toujou
contre tes camarades. — Un crocodile affre
sortit du fleuve (Nil), s'**app**rocha sur la rive,
happa (1), dit la fable, un des marmots q
jouaient en ces lieux.

§ II, *ou : Dieu* **oppo***sa Gédéon aux* Madiani
qui **opp***rimaient le peuple juif.*

222ᵉ Copie. — Le Levant est à l'**opp**osite
Couchant. — Joséphine, la démarche que v
voulez faire est in**opp**ortune. — Les Juifs, **opp**
més par les Madianites, prièrent Dieu de fa
cesser leur servitude, et ils furent exaucés.

195ᵉ Thème.

Toute mère sage s'**oppo**sera au caprice de sa fille,
    Toutes les m—   leurs f—.
Une menteuse est l'**oppr**obre de sa famille,
    Les ment— l'**oppr**obre de leurs f—.

V*ous le voyez par* opposa, opprimaient, *etc., etc. :*
On écrit avec p p tous les mots en *oppo* et en *oppr*.

224ᵉ Dictée. — N'**oppo**sons jamais notre v
lonté propre aux volontés de Dieu, apporte
au contraire une docilité complète à ses dé

(1) On dit *je happe, tu happes*, etc. Voir la remarque, page

sions saintes et toujours paternelles. — Ma Péla-
gie, quel peuple **oppr**imait les Juifs lorsque Gédéon
les délivra?

§ III, *ou* : **Supporte**, *si tu veux être* **supporté**.

223e Copie. — **1°** Certaines personnes ont été
tellement gâtées dans leur enfance que, parvenues
à un âge raisonnable, elles ne peuvent plus
supporter la moindre contrariété. — Chez les
Juifs, les **supp**lices étaient cruels. = **2°** Adrien,
que désires-tu? pourquoi ce ton **suppl**iant? Maman, je voudrais aller pêcher à la ligne. Présente
ta **supp**lique à ton père. — Je **supp**ose que ce
livre superbe (1) est un cadeau pour toi.

196e Thème.

Paulin se rend in**supp**ortable par son tapage,
    Paulin et Carle se r—   leur tapage.
L'ingénieur creuse ici un canal pour **suppl**éer à une
                              rivière,
    Les ing— souvent des c— pour **suppl**éer à des r—.

Comme vous le voyez dans supporte, suppliant, *etc., etc.* :
On met très-souvent p p dans les mots en *sup* (1).

225e Dictée. — **1°** A cause de ta gaucherie, je
suis au **supp**lice, Eusèbe, quand je te vois en
compagnie. — Le point où l'on **supp**ose que le
soleil se lève est appelé le Levant. — Ésaü fut
supplanté par son frère. = **2°** Madame Goffin
dit un jour à son fils : **Supp**osons, Lucien, que

---

(1) On écrit avec un seul p tous les mots en *super*, — et le mot
suprême.

je te donne vingt sous, qu'achèteras-tu? Maman, j'achèterai, si papa le permet, une toupie de dix sous. Et que feras-tu du **supplément**? Je donnerai les dix autres sous à un pauvre aveugle. Dire la satisfaction qu'éprouva madame Goffin serait, je **suppose**, chose superflue.

<hr>

159e LEÇON.

§ Ier, ou : Sème, Lucas, Dieu arrosera.

224e Copie. — 1° Séraphine, **arrangeons** une bonne partie de bois de Boulogne, on étouffe à Paris. — De même que le soleil et la lune, tous les astres sont **arrondis**. — Germain, répondez à monsieur; on ne peut vous **arracher** une parole! = 2° Louis-Quinze était **arrière-petit-fils** de Louis-Quatorze. — Fi! le méchant paresseux qui trépigne des pieds et s'**arrache** les cheveux au lieu de travailler!

197e Thème.

La pluie **arrose** la campagne,
    Les p—.
Mon **arrière**-neveu me devra l'ombrage de cet orme,
    Mes **arrière**-n—   l'ombrage de ces—.

Ainsi que vous le voyez dans arro*sera,* arr*angeons, etc., etc.:*
On met souvent r r dans les mots qui commencent en *ar*, lorsque après le *r* il y a une voyelle.

226e Dictée. — 1° L'as-tu remarqué, Sophie? lorsque tu prononces **o**, ta bouche s'**arrondit**. — Maman, le chardonneret **arrache** des graines, il les écrase; pourquoi? C'est pour faire son petit repas. = **2°** Deviens soigneuse, Isabelle; les petites filles qui manquent d'**arr**angement se font constamment gronder. — Bonne Diane, ta maîtresse **arr**ive, tu es haletante de joie, tu remues la queue, tu brûles de lui prodiguer tes caresses : oh ! la bonne chienne que tu es.

---

§ II, *ou :* **Corr**ige *ma* **corr**espondance.

225ᵉ Copie. — **1°** Le père sage **corr**ige son fils de ses moindres défauts. — Noé fut sauvé lors du Déluge parce qu'il s'était préservé de la **corr**uption générale. — Les aliments se **corr**ompent par la chaleur. = **2°** Faites aujourd'hui une copie **corr**ecte de la fable intitulée : La Cigale et la Fourmi. — Le poison irrite (1), **corr**ode même, c'est-à-dire brûle et ronge les intestins.

198ᵉ Thème.

Un pavillon des Tuileries **corr**espond à l'autre,
     Les deux p—   se corr—.
Ta copie est in**corr**ecte, relis-la,
     Vos c—.

Vous le voyez par corriger, correspondance, *etc., etc. :*
On met souvent **r r** dans les mots qui commencent en *cor,* lorsque après le **r** il y a une voyelle.

227ᵉ Dictée. — **1°** En voyant les défauts de leurs camarades, les enfants sages se **corr**igent toujours. — Maman, ta **corr**espondance est bien longue, est-ce que tu as encore plusieurs billets à écrire aujourd'hui ? = **2°** Ah ! petit drôle, tu as

---

(1) Les mots où l'on prononce les deux **r** n'offrent pas de difficulté orthographique.

jeté de la boue à mon fils! tu mérites une **correc-**tion, je vais te tirer les oreilles! — Après le Déluge, la **corruption** reparut dans le monde; alors Dieu se choisit un peuple.

160e LEÇON.

§ Ier, *ou : La* **peur** *excessive se nomme* **frayeur.**

226e Copie. — **1°** Le mètre est une mesure de long**eur.** — Qui sera l'ami d'un moqu**eur?** — Je t'apprendrai une chose, Emma; c'est que la chal**eur** dilate (fait étendre) toutes les choses : les liquides, les métaux, les cristaux même. = **2°** Les voyag**eur**s qui parcourent les vastes plaines sablonneuses de l'Afrique n'évitent les vol**eur**s qu'en formant des troupes ou caravanes. — La pluie a cessé, les fl**eur**s ont repris l**eur** éclat et l**eur** odeur. — La Bible ne nomme pas les **sœur**s (1) du fratricide Caïn.

199e Thème.

Le ment**eur** devient très-souvent un vol**eur,**
    Les ment—.
L'enfant courageux supporte avec fermeté la doul**eur,**
    Les enf—.

Vous le voyez par peur, frayeur, *etc., etc. :*
On termine par **e**u**r** (sans *e* muet) les mots qui finissent en *eur.*

228e Dictée. — **1°** Marie charme tout le monde par sa douceur. — Francisque, juge, en y goûtant, combien la saveur de l'ananas est

---

(1) Un auteur a dit **sororicide.**

exquise! — Ce que contiendrait un dé à jouer qui aurait dix centimètres de hauteur est exactement ce que contient le litre. = 2° Les singes sont des animaux éminemment grimpeurs. — Votre prononciation est incorrecte, vous n'êtes qu'un bredouilleur, Évariste. — La frayeur, comme le microscope, grossit considérablement les objets.

§ II, ou : *Il faut s'endurcir aux fatigues.*

227ᵉ Copie. — 1° Dieu a créé le lion pour rugir, le taureau pour mugir, la colombe pour gémir, le chat pour miauler; et tous ces animaux pour s'anéantir ensuite : mais il nous a créés pour le servir, pour l'aimer, et pour vivre éternellement avec lui. = 2° Pour grossir dans sa coquille, le petit oiseau mange en premier le blanc qui est léger, ensuite il mange le jaune. — Ce n'est pas obéir qu'obéir lentement. — Toute la nature nous invite à bénir le Créateur.

Ainsi que vous le voyez dans endurcir, rugir, *etc., etc. :*
On termine par **ir** (sans *e* muet) *la plupart* des verbes dont l'infinitif finit par *ir.*

229ᵉ Dictée. — 1° Ne faites jamais souffrir les animaux. — Les oiseaux savent se bâtir des maisons et préparer des demeures pour leurs petits à venir. — Les Européens sont-ils parvenus les premiers à franchir sur l'Océan des distances considérables? = 2° Les animaux ne peuvent pas réfléchir, c'est l'instinct (1) qui les porte à agir comme ils le font. — Lorsque le soleil cesse de nous faire sentir sa chaleur bienfaisante, on voit tout languir, tout dépérir.

---

§ III; *ou : Cessez de vous prévaloir d'avoir fait votre devoir.*

228e Copie.

Remarquez que : du substantif masculin *devoir*, on forme le mot *devant*.

(Mettre *v* sous les infinitifs, — et *s* sous les substantifs en **oir**.)

1º Le tonnerre gronde, il va pleuvoir; rentrons. — Nous voudrions bien voir qui, d'Emma ou de Pauline, souffrira avec plus de patience chez le dentiste? — Je vais revoir mes chères montagnes et nos hameaux si riants. = 2º Ah! maman, que tu serais bonne si tu voulais bien m'acheter un petit arrosoir. — Dès que le raisin est coupé, on le transporte au pressoir; là on le foule, etc. — Demandez à Joséphine un bougeoir et un éteignoir.

200e Thème et 201e.

1. Le bon écolier n'aura garde de déchoir (*en déchéant*).
    Les b—   garde de déchoir.
Veux-tu avoir soin de mon réservoir (*réservant*)?
    Voulez-vous avoir soin de m—?
2. Que ma sœur admire ce reposoir (*reposant*)!
    Que mes s—!

---

(1) *Instinct* a pour dérivé *instinctif*.

Ma poule dormira sur le juch**oir** (*juchant*),

  Mes p—.

Comme vous le voyez dans les verbes prévaloir, avoir, — *et dans les substantifs* devoir (*de-vant*), pouvoir (*pou-vant*), *etc., etc. :*

On termine par **o i r**, 1° les infinitifs en *oir*, — 2° les substantifs masculins desquels on peut former un mot en *ant*, en changeant les trois dernières lettres.

230ᵉ Dictée. — **1°** S'occuper, c'est **savoir** jouir. — Les écailles des poissons sont placées sur eux de telle sorte qu'ils ont tous les moyens de se mouv**oir** à leur gré. — Maman, je voudrais pouv**oir** t'exprimer combien tu es bonne, et combien je t'aime ! = **2°** Le tranchant du rasoir le mieux affilé est denté, tu peux le **voir** avec ton microscope. — Ah ! Blanche ! que ton livre a un joli ferm**oir** en argent ! — Claudine, voulez-vous verser votre braise dans cet étouff**oir**, et porter ensuite un bouge**oir** dans ma chambre ?

231ᵉ Dictée. — **1°** Brillant ! cherchez dans l'appartement le mouch**oir** de ce maître ! — Les végétaux vivent, mais ils n'ont pas le pouv**oir** de se mouv**oir** à leur gré. — Il est bien honteux de dev**oir** lorsqu'on aurait la faculté de payer. — Pour réussir il faut voul**oir** ; voul**oir** fortement c'est pouv**oir**. = **2°** Savoir retrouver sa route en rase campagne au moyen de points cardinaux, c'est savoir s'orienter. — Personne de nous n'a le pouv**oir** de prév**oir** les choses futures. — Mon dev**oir** est fini, jouons !

§ IV, *ou : Bonjour, Léon, venez visiter avec nous cette tour en ruines.*

229ᵉ Copie. — **1°** Le topinambour est un tubercule alimentaire. — Le vautour, le milan, la buse, l'épervier, le faucon, sont appelés des oiseaux de proie diurnes, parce qu'ils chassent pendant le jour. = **2°** Monsieur, nous employons ici des fours pour faire éclore les œufs de nos poules. — Je serai absent quinze ou vingt jours, Émile; et si j'apprends à mon retour que tu as été bien sage, je t'achèterai un magnifique tambour.

Vous le voyez par bonjour, tour, *etc., etc. :*
On termine généralement par o u r (sans e muet) les mots en *our.*

232ᵉ Dictée. — **1°** Pourquoi donc, Clémence, fais-tu la pleureuse? Tu désires une pomme de rambour, demande-la-moi naturellement; en t'entendant je crois entendre cette alsacienne qui nous dit chaque jour : Madame, un petit sou pour l'amour de Dieu, s'il vous plaît ! = **2°** Notre globe emploie trois cent soixante-cinq jours et un peu plus pour tourner autour du soleil. — Victoire, le four est-il chaud ? — Madame à sa tour monte si haut qu'elle peut monter.

======

161ᵉ LEÇON,

ou : Mon bon Édouard ramassa et soigna le vieillard.

230ᵉ Copie. — **1°** Les armes défensives des

anciens Perses étaient la cuirasse, les brass**ard**s,
les cuiss**ard**s, le bouclier; le savais-tu, Ber-
nard? — Les nuages sont absolument de la
même nature que les brouill**ard**s. = **2°** Gas-
pard, qu'est-ce que ces quatre huss**ard**s portent sur ce branc**ard**? C'est un pauvre soldat, qui
vient de recevoir une blessure. — Tu as bien
chaud, Léon**ard**, tiens, voilà un foul**ard** pour
t'essuyer le visage.

202ᵉ Thème.

Le prudent vieill**ard** amasse incessamment,
    Les p—.
Quelle grosse et large pince a ce hom**ard**!
    Q—!

Ainsi que vous le voyez dans Édouard, vieillard, *etc., etc. :*
On termine très-souvent par **a r d** les mots en *ar.*

233ᵉ Dictée. — **1°** A qui ce bonnet et ce bé-
guin, Loïsa? C'est à mon gros poup**ard**. — Que
de ravages le ren**ard** exerce dans un poulailler,
lorsque le has**ard** veut qu'il y entre! — Édou**ard**,
Rich**ard**, Léon, voulez-vous jouer au colin-
maill**ard**. = **2°** La pêche du hom**ard** est assez
difficile. — Gér**ard**, la robe toute mouchetée du
léop**ard** est bien jolie. — Taisez-vous, petits
babill**ard**s, petits bav**ard**s! vous êtes des im-
portuns.

162e LEÇON,

ou : *Le pervers a été découvert.*

Remarquez que : Pervers fait *perverse*; — et découvert, *découverte.*

Relire la Remarque générale, page 135.

231e Copie. — **1°** Tout en tout est divers, c'est-à-dire : Les choses sont toutes diverses les unes des autres. — Robert (1), on désigne sous le nom d'univers (1) tout ce qui existe dans le monde ; y compris le soleil, la lune, et tous les astres. = **2°** Ne crois pas, Albert (1), que le plomb soit le plus lourd (1) des métaux; tu te tromperais. — L'Afrique renferme de très-vastes déserts (1) sablonneux. — Le porc (1) est un animal immonde pour les Juifs. — Les bords (1) des lieux marécageux sont parfois couverts (1) de brouillards.

234e Dictée. — **1°** Admirons l'univers, et surtout adorons Dieu qui l'a créé par sa parole. — Le montagnard (2) est fort (2). — Cette branche de prunier fléchit sous le fruit, donnez-lui un support (2). — Marchez au bord de l'eau, Gilbert (2). = **2°** Le lard (2) d'un porc qui a mangé des glands est plus ferme et d'un

---

(1) *Robert, Albert, désert, couvert,* ont pour dérivés *Robertine, Albertine, déserte, couverte;* — *univers* fait *universel;* — *lourd, bord,* font *lourde, border;* — enfin *porc* a pour dérivés *porcher, pourceau.*

(2) *Montagnard, lard,* ont pour dérivés *montagnarde, larder;* — *fort, support, Gilbert,* font *forte, supporter, Gilbertine,* etc.; — *épars* fait *éparse,* etc., etc.

meilleur rapport, c'est-à-dire qu'il rapporte plus d'argent. — Hier Lise dansait, le fermoir de son collier s'est ouvert, ou bien son collier s'est défilé ; en un moment tout le corail a été épars (*Voir note 2, page 244*) dans le salon.

SUPPLÉMENT

1° *J'ai mon Dieu que je sers.*

REMARQUE. — On termine par **R S** quelques mots de verbes ajoutés à **je** et à **tu** (et dont l'infinitif ne finit pas en **er**) (1).

232ᵉ Copie (ou 235ᵉ **Dictée**). — **1°** *Je* me sers d'un couteau d'argent pour peler mes poires. — Dépêche-toi, Gaspard. *Je* pars, *je* cours ; je serai revenu dans cinq minutes. — Si *tu* sors par le froid, par la pluie, par le verglas, tu te porteras parfaitement. — Dors-*tu* bien, Léonie ?

2° *La tortue part.*

REMARQUE. — On termine par **R T** quelques mots de verbes ajoutés à un **substantif**, à **il**, à **elle**, etc. (ceux dont l'infinitif ne finit pas en **er**) (1).

= **2°** *Fanfan* court comme un étourdi sans regarder à ses pieds, voilà pourquoi il tombe si fréquemment. — La *tortue* part, elle se hâte avec lenteur. — *Xavier* dort profondément. — C'est Aménaïde *qui* nous sert à table.

163ᵉ LEÇON,

ou : La limace et le limaçon sont dégoûtants.

233ᵉ Copie. — **1°** Ah ! quelle joie, Robert !

---

(1) **Voir** l'*Orthographe enseignée aux enfants de 7 à 9 ans.*

les glaçons sont soudés par le froid, le canal est une plaine de glace ; enfin nous pouvons patiner ! — En te plaçant (1) au haut de la tour, n'aperçois-tu (1) pas l'Océan dans le lointain ? = **2°** Bonne mère, pendant ton voyage, ton Édouard s'efforçait (1) de bien étudier, pour savoir lire couramment à ton retour. — Veux-tu te balancer, ma sœur ? la balançoire est en fort bon état.

203e Thème.

Que voilà une raie mal tracée ! qui la traça aussi mal?

Que voilà des r—! qui les—?

Mon frère a au doigt un pinçon très-douloureux (pincer),

Mes fr— à leurs deux petits d—.

Comme vous le voyez dans limaçon (de *limace*), glaçon (de *glace*), *etc., etc. :*

On met un ç (avec une cédille) pour peindre l'articulation s avant a, o, u, dans les mots qui ont un c dans un dérivé.

236e Dictée. — **1°** L'oncle d'Édouard, riche

commerçant (2) de Toulon, nous a parlé longuement du bagne, et des travaux des forçats (2). — A Alger, nous forçons (2) les petits arabes à apprendre le français (2). = **2°** Admire donc la façade (2) du Louvre, du côté de la colonnade surtout ! — Richard, votre copie est bien malpropre, elle est pleine d'effaçures. (2) — Voyez ces tronçons (2) d'anguilles, de serpents, de couleuvres, etc., ils remuent comme s'ils étaient des animaux vivants.

---

(1) Le c de *plaçant, aperçois, s'efforçait,* se trouve dans : *placer, apercevoir, s'efforcer.*

(2) Le c de *commerçant, forçat, forçons, français, façade, effaçures, tronçons,* etc., etc., se retrouve dans les mots *commerce, forcer, France, face, effacer, tronc* (tronquer).

164ᵉ LEÇON.

§ Iᵉʳ, *ou : Que l'illustrissime Fénelon reçoive*
vos applaudissements.

234ᵉ Copie. — 1° Mais la robe de ta poupée
est beaucoup trop ample, ma chère Cornélie ! elle
est amplissime, ta poupée a l'air d'un paquet. —
Mon grand-oncle était écuyer de Son Altesse
sérénissime le prince de Condé. — Corbeil est
un chef-lieu d'arrondissement. = 2° Le refroi-
dissement a la propriété de diminuer l'étendue
des objets. — L'abus du vin et des liqueurs fer-
mentées produit l'avilissement, l'abrutissement
même ; sache-le bien, Bernard. — Oh ! l'ennuyeux
griffon, son glapissement nous assourdit.

204ᵉ Thème.

Notre tante nous avait apporté de son voyage une bel-
lissime écharpe de foulard,
Nos t—   de leurs v—.   deux b—.
Votre étourdissement, votre évanouissement m'a
effrayé,
Vos é—, vos é—   nous—.

Ainsi que vous le voyez dans illustrissime, applaudissements,
etc., etc. :
On peint par s s l'articulation s, 1° dans les mots terminés en
issime, — 2° dans les mots terminés en *issement.*

237ᵉ Dictée. — 1° Viens goûter avec nous,
Maximilien : voilà des fruits, des gâteaux, des
crèmes ; nous ferons une grandissime collation.
— Les cardinaux portent ce titre : Éminentissime.
= 2° L'accomplissement de vos devoirs vous

donnera la félicité, même dans ce monde. — Le rug**ission**ement du lion a quelque chose d'effrayant que n'ont certainement ni le mug**ission**ement du bœuf, ni le glap**ission**ement du renard.

════════

§ II, *ou : Fait-on des proc**ession**s dans nos **mission**s ?*

235ᵉ Copie. — **1°** Irène, avez-vous voyagé dans nos riches poss**ession**s africaines ? — Je désire, ma fille, que tu soignes ton langage ; que tu n'emploies jamais une seule expr**ession** vulgaire, commune. — La succ**ession** des saisons est régulière. = **2°** Je l'attends de votre sou**mission**, mes neveux, vous ne toucherez à rien dans le jardin. — Le frère d'Octave a obtenu son ad**mission** à l'école navale. — La **mission** de l'institutrice est un apostolat.

Ainsi que vous le voyez dans proc**ession**, **mission**, *etc., etc. :*
On écrit par **s s** l'articulation *s* dans les mots terminés en *ession* et en *mission*.
Nota. *Ces mots font exception aux mots en* tion. (V. 59ᵉ leçon.)

238ᵉ Dictée. — **1°** Des idolâtres ont fait languir les Juifs dans l'oppr**ession**, en punition de la transgr**ession** de leurs lois. — Le papier dont nous nous servons pour l'écriture et l'impr**ession** se fabrique avec de vieux chiffons. = **2°** Des **mission**s ont porté jusque chez les Océaniens le nom du vrai Dieu, cet apostolat s'est continué jusqu'à nos jours. — Nous partons pour l'Orléanais ; voulez-vous, madame, nous charger de vos com**mission**s? — On pêche par paroles, par actions, par o**mission**...

165ᵉ LEÇON,

*ou : Louis éprouve de la répu*ls*ion pour la* ver**sion.**

236ᵉ Copie. — **1°** Maman est bien fatiguée, ma pauvre petite sœur l'a empêchée de dormir toute cette nuit par une affreuse convu**lsion**. — Donnez à cette bille une forte impu**lsion**, elle tournera très-longtemps et très-vite sur elle-même. ⹀ **2°** Si vous entreprenez des excur**sion**s maritimes lointaines, ayez soin d'emporter une boussole. — Ferdinand est toujours le premier en ver**sion**. — Les Barbares ont fait incur**sion** dans les possessions des Romains dès les premiers siècles de notre ère.

Comme vous le voyez dans répulsion, version, *etc., etc. :* On met **s i o n** à la fin des mots en *ls*ion *et en* rsion. **NOTA.** *Ces mots font encore exception aux mots en* tion (59ᵉ leç.).

239ᵉ Dictée. — **1°** Mon Adrien, votre bon cœur (1) vous porte à soulager les misérables, suivez toujours ses nobles impu**lsion**s. — L'Espagne a été plusieurs siècles dans la possession des Maures, l'expu**lsion** de ces Infidèles a coûté bien des soins à Ferdinand et à Isabelle. ⹀ **2°** La disper**sion** des fils de Noé suivit de près la construction de la tour de Babel, et la confusion des langues. — Un milan plumant un pigeon lui dit :

(1) Cœur a pour dérivé cordial.

Je te connais, je sais l'av**ersion** que tes pareils
ont pour moi.

=====

166e LEÇON,

§ Ier, *ou : Vénus, Uranus, etc., sont des planètes.*

237e Copie. — **1°** Le lot**us** est une plante qui
croît dans les Indes au milieu des eaux. — Vous
souffrez, je vous donnerai de la mousse de Corse.
Qu'est-ce, maman? Un fuc**us** rougeâtre, qui est un
vermifuge. = **2°** Marie, je viens de deviner un
réb**us**. — Le premier roi de Rome se nommait?
Romul**us**, mon papa. C'est fort bien, mon Art**us**.
— Le soleil a été adoré sous le nom de Bél**us**. —
Vén**us** était pour les Païens la déesse de la beauté.

Vous le voyez par Vénus, Uranus, lotus, *etc. :*
On termine par *us* la plupart des mots en *uce*, venant du latin,
etc., et qui ont conservé leur forme étrangère.

240e Dictée. — **1°** Il se fait tard, l'Angél**us**
sonne ; reposons-nous avant la nuit close. — Le
safran s'appelle aussi croc**us**. — Gérard, vois-
tu cet ob**us**? il est tombé sur ma maison, il y a
plus de trente ans. = **2°** Savez-vous, René, ce
qu'on appelait les Pal**us**-Méotides? — Les mandarins, **ou** savants de la Chine, suivent la religion de Confuci**us**. — L'étoile du matin, l'étoile
du berger, c'est la planète Vén**us**.

=====

§ II, *ou: Pallas, Cérès, etc., sont aussi des planètes.*

238e Copie. — **1°** Demandez qu'on vous raconte la belle action de Léonid**as**. — Les peuples de la Grèce ont adoré sous le nom de Pall**as** une prétendue déesse, protectrice des combats. — Étudiez toujours sur votre atl**as**. — Pour les Païens, Cér**ès** était la déesse de la moisson. = **2°** Agn**ès**, prenez ces pilules d'alo**ès**. — Osir**is** et Is**is** étaient frère et sœur. — Apollon et Diane sont nés, dit-on, à Dél**os**. — Min**os** est le législateur de l'île de Crète. — Alo**is**, oh! que voilà un beau mérin**os**!

Vous le voyez également par Pallas, Léonidas, Cérès, Osiris, Isis, *etc., etc.* :

On met **as**, **ès**, **is**, **os** à la fin de la plupart des noms propres, latins, grecs, égyptiens, etc., etc., et même de quelques autres mots terminés en *âce* ouvert, *èce* ouvert, *ice*, *ôce* ouvert, et qui ont conservé leur forme étrangère.

(NOTA. — Nous avons aussi beaucoup de mots qu'on termine en *ace*, en *èce* ou en *esse*, en *ice*, en *oce*, etc.; mais l'*a*, l'*é*, l'*o* y sont fermés et brefs.)

239ᵉ Copie. — **1°** Les monts Atl**as** bornent au midi nos possessions en Afrique. — A la Cour d'un cruel roi, une épée menaçait toujours son favori Damocl**ès**. — Pour les Païens, Pal**ès** était la déesse des bergers, Ir**is** était la messagère de Junon. — Quel beau l**is**, Flavien! = **2°** Cléob**is** et Biton se sont immortalisés par leur piété filiale. — Savez-vous que l'ib**is** a été mis au nombre des oiseaux sacrés? — Les albin**os** ont la vue excessivement délicate.

Les autres difficultés de l'articulation **s** ont été présentées dans la seconde section, de la 55ᵉ leçon à la 65ᵉ (p. 74 à 91).

167e LEÇON,

ou : Dans la classe je me suis fait une bosse au front.

240e Copie. — 1° On purge aujourd'hui Julien avec de la **casse** et du séné. — Sophie, nous avons vu un vieux chien qui demande l'aumône; il a une **tasse** de bois à la gueule, il est bien drôle! — Où plaça-t-on le fameux **colosse** qui était l'une des sept Merveilles du monde? **2°** Les naturels de l'**Écosse** se divisent par clans; chaque clan renferme un certain nombre de familles, et a un chef. — Quelle **bosse** vous avez au front, ma pauvre Octavie! Je me suis heurtée en courant. — A qui la **brosse**?

Ainsi que vous le voyez dans la **classe**, *une* **bosse**, *etc., etc.* :
On met **s s e**, à la fin de beaucoup de mots en *asse* (surtout quand ils ont l'*a* ouvert), — et à la fin de beaucoup de mots en *osse*.

(Nous nous rappelons qu'il y a beaucoup de mots en *ace* et en *oce*, surtout avec l'*a* et l'*o* fermés. Ex. : *glace, grimace*, etc., *noce, précoce*, etc.)

241e Dictée. — 1° Les différentes **classes** d'animaux sont les mammifères, les oiseaux, les reptiles, les poissons, les insectes, etc. — Oh! mon papa, quel énorme violon! Ce n'est pas un violon, Auguste, c'est une **basse**; ou plutôt une contre-**basse**, car la **basse** est moins **grosse**. **2°** Quelques pâtres parcourent, montés sur des **échasses**, les landes qui sont entre l'Océan, l'Espagne et le Bordelais. — Otez ces fèves de leur **cosse**, Martine, **écossez-les-nous**. — Avez-vous remarqué la **crosse** de notre archevêque?

168e LEÇON,

ou : **Att**endez-moi sous l'orme !

241e Copie. — **1o** Adorez Dieu, obéissez-lui avec fidélité; puis **att**endez une vie meilleure. — Dans nos greniers, tous les blés sont **att**aqués par les charançons. = **2o** Si vous travaillez sans **att**ention, Alice, vous ne ferez aucun progrès (1). — Cherchez à vous hausser sur la pointe de vos petits pieds; pouvez-vous **att**eindre à la branche de ce prunier? Non ! **Att**endez, Olivier, je vous donnerai des prunes.

205e Thème.

La moisson est impatiemment **att**endue ici,
   Les m—.
Papa nous promènera dans ce jardin, et dans le clos y
                          attenant,
   Ils nous pr—.

Comme vous le voyez dans attendez, attaqués, *etc., etc. :*
On commence par **att** la plupart des mots en *at.*

242e Dictée. — **1o** Les Français, attaqués, se sont toujours vaillamment défendus. — Le feu se déclara ici : Xavier sonna le tocsin, les paysans s'**att**roupèrent, puis travaillèrent; enfin on parvint à l'éteindre. = **2o** Ne voyez-vous pas, ma Joséphine, que les nageoires **att**achées aux deux côtés du poisson ce sont ses rames? — Mon ami, prêtez toute votre **att**ention aux conseils et aux paroles des vieillards.

---

(1) Progrès a fait les mots progressif, progresser, etc.

169ᵉ LEÇON,

ou : Tout est aux écoliers couchette et matelas.

242ᵉ Copie. — 1° Juliette, vous ai-je dit qu'avec leurs fortes et longues lunettes les astronomes ont aperçu des taches au soleil? — Comme votre collerette est chiffonnée, Ninette! — Qui de vous, mesdemoiselles, fera avec moi des layettes pour les pauvres? = **2°** Maman, quand je serai bergère, tu me donneras une houlette ornée de rubans roses, n'est-ce pas? — Tenez mieux votre couteau et votre fourchette, ma fille, et priez Manette qu'elle vous **mette** votre serviette.

> *Vous le voyez par* couchette, Juliette, qu'elle mette, *etc., etc.* On met **ette** à la fin de presque tous les mots en *ette*; — on met également **tt** dans les mots des verbes *mettre, permettre,* etc.

243ᵉ Dictée. — 1° Antoinette a dans sa grande volière des alouettes, des serins, des rouges-gorges, des fauvettes, etc., etc.; enfin toutes sortes de passereaux. — Les mouettes sont des oiseaux qui fourmillent sur nos côtes. = **2°** Comme une petite fille bien élevée qu'elle est, Colette se sert toujours de sa fourchette. — Les allumettes chimiques sont fort dangereuses, ne touchez pas aux miennes. — Mariette, servez-nous à déjeuner une omelette, et une bonne galette toute chaude; là! sortant du four!

170ᵉ LEÇON.

DICTÉES SUPPLÉMENTAIRES

RÉCAPITULATION.

Comme les petits enfants qui ont été attentifs savent un peu l'orthographe déjà, ils n'ont qu'à copier six fois chacun des mots que dans cette 170ᵉ leçon ils vont voir imprimés en caractères penchés, et après ils pourront écrire sans faute les devoirs qu'elle renferme, — et puis, grande récompense! ils seront désormais en état d'étudier le livre de l'**Orthographe enseignée aux enfants de 7 à 9 ans;** — c'est là qu'ils trouveront de jolies dictées!

¡LE PAIN (1) ET LE BEURRE.

= 1. *Théonie* voudrait avoir du pain et du *beurre.* — *Hé* bien! il faut lui en donner, mes *enfants!*

Mais le pain n'est pas cuit. — *Hé* bien! il faut dire à *Jacqueline* de chauffer le four et de faire cuire le pain.

Mais le pain n'est pas pétri. — *Hé* bien! il faut dire à *Catherine* de faire la pâte.

(1) Pain a pour dérivés panetier, panier, etc.

Mais le froment n'est pas moulu. — Il faut dire à *Charles* de porter le grain au moulin, et ordonner au meunier *Georges* de le moudre.

Mais le blé n'est pas *battu*. — *Hé* bien! il faut dire au *bonhomme Mathurin* de prendre son fléau et de le *battre*.

= 2. *Mais* le blé n'est pas moissonné. — Il faut donc dire à *Sylvain* de prendre sa faucille et de le couper.

Mais le blé n'est pas semé. — *Hé* bien! il faut dire à *Jules*, le fermier, qu'il le sème.

Mais le champ n'est pas labouré. — Il faut, en ce cas, dire à *Jean* de prendre les bœufs, et d'aller faire le labour.

Mais la *charrue* n'est pas faite. — Allez *donc* en commander une au *charpentier Thomas*.

Mais le *charpentier* n'a point de *soc* pour la *charrue*. — *Hé* bien! envoyez chez *Jacques*, le taillandier, il aura *bientôt* fait un *soc* sur son *enclume*.

= 3. Nous n'avons point de *beurre*. — *Hé* bien! il faut envoyer *Pierre* à la ferme pour en avoir.

Mais le *beurre* n'est pas *battu*. — *Hé* bien, *Mathilde* ou *Clarisse!* prenez la *baratte*, et *battez*-nous un peu de *beurre*.

Mais on n'a pas *trait* les vaches. — *Hé* bien, *Hélène!* prenez votre *seau*, et allez les *traire*.

Mais la crème ne sera pas montée. — *Hé* bien, *Théonie* attendra!

LE FEU.

Arthur avait la dangereuse *habitude* de toucher au feu ; et, quoiqu'il *fût assez* raisonnable du reste, on ne pouvait pas le perdre de vue : un jour que la bonne d'*Arthur* était sortie, sa mère, obligée de s'absenter un *instant*, le *laissa seul* au salon, après lui avoir recommandé de rester sur un siége ; mais à *peine* la maman *eut*-elle *quitté* la chambre, que voulant voir ce qu'il appelait un feu d'artifice, *Arthur* prit les pincettes, et remua les bûches : un tison roula sur le parquet, et mit le feu à la blouse, puis de là à la collerette du petit désobéissant ; la *flamme* l'entoura *bientôt....* par *bonheur* sa bonne rentra, et l'on put sauver l'imprudent ; cependant *Arthur* conserva toute sa vie une *cicatrice* à la joue.

MARIE, OU L'AIMABLE ENFANT!

1. *Toujours* on appelle la petite Marie : L'aimable *enfant!* si *quelqu'un* l'*interroge*, elle répond d'une manière toute gracieuse ; et elle *prononce* bien distinctement, parce qu'elle sait qu'il n'est pas joli de parler entre ses dents : — *quand* sa bonne lui dit : « Mademoiselle, levez la tête ! » elle se tient si droite que c'est une merveille : « Mademoiselle, marchez comme il faut ! » *aussitôt* elle met les pieds en *dehors* : enfin, *sans*

9

répliquer, *sans* faire la moue, la petite Marie fait *toujours*, et tout de suite, ce qu'on lui commande; *jamais* il ne faut le lui dire deux fois :

2. *Jamais* non plus il n'*échappe* à Marie, l'aimable *enfant*, une parole *grossière*, ou même seulement désagréable; et qui est-ce qui lui a vu faire rien qu'on *puisse* blâmer? *Aussi* toutes les amies de sa mère l'aiment *beaucoup*; toutes *prennent plaisir* à voir jouer leurs *enfants* avec elle, toutes prient sa mère de l'amener pour courir dans leurs jardins, pour y sauter à la corde, pour s'y balancer dans le *hamac;* et toujours, *quand* Marie doit venir, elles préparent de magnifiques collations : sa mère est bien *heureuse, certes!*

Elle est *heureuse aussi*, Marie, l'aimable *enfant!*

Mon *enfant*, à moi, sera *bientôt aussi* aimable et *aussi heureuse* que la petite Marie, n'est-ce pas?

FIN.